LUISA FRANCIA

DAS MAGISCHE KOCHBUCH

Luisa Francia

DAS MAGISCHE KOCHBUCH

Rezepte und Geheimnisse von weisen Frauen

Fotos und Zeichnungen von Luisa Francia

Mary Hahn Verlag

20.11.96

Morgens früh um sechse
träumt die weise Hexe.
Morgens früh um sieben,
wird im Bett geblieben.
Morgens früh um acht,
wird erstmal gelacht,
dann wird Tee gemacht.
Morgens früh um neune
geht sie in die Scheune
(wo der Computer steht, E-Mails abrufen).
Morgens früh um zehne
holt sie Holz und Späne
(im Baumarkt),
rasselt bis um elfe,
kocht dann bis um zwölfe
Perchtenschmarrn und Ingwerfisch –
hurtig, Kinder, kommt zu Tisch!

INHALT

HEUTE KOCH ICH – MORGEN BRAU ICH

Kochen als älteste magische Tätigkeit. Die magische Küche, der Kessel, die Gerätschaften

Wie kochen eigentlich Hexen? Hartnäckig hält sich das Gerücht, Hexen würden Krötendreck und Tollkirschen essen, in ihren Kesseln brodle giftige Brühe. Dabei verbindet gerade die magische Kochkunst der Hexen auf wohlschmeckende und köstlich duftende Art die feine Wirkung der Zutaten mit der Weisheit der Köchin.

Weise Frauen wissen vor allem eins: Kochen ist die älteste Magie der Welt. Nicht nur die Liebe geht durch den

Magen, auch Heilung, Zauberkraft, Glück und Wohlstand lassen sich mit wertvollen Nahrungsmitteln, liebevoller Zubereitung, beschaulichem Genuss der Speisen und anregenden Gesprächen, Gesängen und Ritualen herbeirufen.

Die hohe Kunst der magischen Küche besteht nicht unbedingt darin, immer neue, originelle Rezepte hervorzubringen, sondern sie bewirkt mit den einfachsten Mitteln eine magische Wandlung im Körper, im Geist und schließlich auch in dem, was wir Seele (»saiwala«, aus dem Mittelhochdeutschen: wallende See) und was die Aborigines Australiens Traumkörper nennen.

Die weisen Frauen verstehen es, die Kräfte aus der Natur, Kräuter, Früchte, Gemüse, Getreide, so zu verarbeiten, dass sich die Informationen der Pflanzen im Körper ausbreiten, die Zellen informieren und neue Realitätskonzepte entwerfen, sodass die Gerichte die Menschen nicht nur satt, sondern auch schlau, wach und glücklich machen.

Zu einer Hexe gehört der Kessel. In den Mythen der Inuit wird im Kessel der Göttin Sedna alles gerührt, gebraut, gekocht, was sich in der Welt materialisiert. Wer Not leidet, muss zu Sedna gehen, um sich von ihr Wohlstand, einen guten Fischfang und viele Jagdtiere zaubern zu lassen. Die wilde Göttin lebt jedoch auf dem Meeresgrund. Schamaninnen und Schamanen, die den Weg zu ihr wagen, müssen tief hinab ins Meer sinken und über eine vereiste Brücke zu ihrer Wohnung gehen. Stürzen sie ab, so sterben sie. Sobald sie Sedna erreichen, müssen sie ihr das Haar kämmen, denn das liebt sie, und dann ist sie auch bereit, neue Aufträge in ihren Kessel hineinzurühren.

In unzähligen Märchen, Sagen und Überlieferungen begegnen wir diesem Kessel, mal als Gefäß für magische Substanzen, mal als Bauch, in dem alles bewegt wird, was sich verwirklichen soll – der Kessel ist der Ursprung.

Im Kessel der germanischen Unterweltsgöttin Hel dagegen geht die Zeit rückwärts: Ihr Kessel heißt Hunger und wer Hel besuchen will, muss über die Schwelle namens Hindernis treten. Ein Besuch bei ihr führt nicht zur Fülle, sondern zum Tod.

Viele Zaubermärchen beschreiben das Kochen als Zentrum der Magie. Im

Märchen vom süßen Brei schenkt eine weise Frau dem Mädchen ein Töpfchen, mit dem alle Not ein Ende hat: Töpfchen koch! Schon kocht es magischen Hirsebrei. Töpfchen steh! Ende der Küchenaktion. Die heutigen Töpfchen sind oft aus rostfreiem Stahl, das macht der Hirse allerdings gar nichts, denn schließlich zählt sie zu den zauberkräftigsten Nahrungsmitteln überhaupt.

Besonders wohl fühlt sich magische Nahrung in Töpfen aus Ton, alles wird langsam und gründlich gegart, das Gemüse unterhält sich mit der gebrannten Erde des Topfes und muss nicht anbrennen, um sich wichtig zu machen. Das Feuer darf einmal kurz durchfahren, dann wickelt man den Topf in eine Decke und wartet. Die Zeit arbeitet für die weise Frau, die derweil gemächlich im Internet surfen oder mit ihren Freundinnen plaudern kann.

Die Schwester der sieben Raben läuft im gleichnamigen Märchen durch den Wald und trifft auf eine Hütte, in der ein Kessel auf dem Herd steht. Suppe kocht darin und riecht so gut, dass die junge Heldin probieren muss. Das ist der Beginn einer wunderbaren Freundschaft mit der alten Waldfrau, die zur Erlösung der verzauberten Brüder führt.

Auch Zwerg Nase wird in die Magie des Kochens eingeweiht, nicht ganz freiwillig wohl. Eine Hexe entführt ihn in ihr Reich, in dem er sieben Jahre lang die Feinheiten der magischen Küche, die seltensten Kräuter, die raffiniertesten Zubereitungen, die besten Zaubersprüche lernt.

Nahrung kann verzaubern, Nahrung kann auch töten. Wer kocht, hat Macht über Menschen. Die Könige aller Zeiten hatten (und haben) Vorkoster, die sichern sollen, dass sie nicht vergiftet werden. Der Dalai Lama ernährt sich auf seinen Reisen nur von Mitgebrachtem und warmem Wasser, weil er die feinstoffliche Wirkung achtlos zubereiteter Nahrung scheut.

Auch in afrikanischen Ländern vertrauen sich die Menschen nicht gern fremden Köchinnen an, zu genau weiß man über die Gefahren Bescheid, die durch die Nahrung drohen können – und damit sind nicht nur Gifte gemeint. Es gibt ja unzählige Substanzen, die dem Körper zusetzen oder schaden können. Auch schlechte Laune, böse Gedanken, Flüche, Zerstörungszauber können, ins Essen gerührt, fatale Folgen haben. Am verhängnisvollsten ist vielleicht die rück-

sichtslose Profitgier der modernen Nahrungsmittelindustrie: salmonellenvergiftete Eier, chemische Substanzen, Atrazin, Lindan und andere »Schutz«mittel in Gemüse und Salat, Hormone und BSE-verseuchtes Tiermehl für Rinder und Schafe im Fleisch. Was einstmals Hexensalbe oder magischer Schlangenfraß zum Verhexen mit unheilvollen Substanzen war, ist heute in jedem Supermarkt zu haben.

Deshalb sucht sich die weise Frau ihre Zutaten mit Bedacht aus, nicht immer muss das Obst oder Gemüse aus dem Naturkostladen sein. Es ist empfehlenswert, die Intuition zu schulen und beim Einkauf dem eigenen Gefühl, dem ersten Impuls zu vertrauen.

Schon beim Einkaufen spreche ich mit den Kräutern, den Wurzeln, dem Gemüse, dem Obst, um zu erfahren, was heute gut für mich oder was einfach mit mir nicht kompatibel ist. Nicht jeder Tag ist ein guter für Gelbe Rüben oder Blattsalate, die Euronorm-Äpfel schauen mich manchmal so depressiv an, dass ich lieber auf Feigen ausweiche. Bananen reiben sich oft ungemütlich an ihrer giftigen Haut und Kartoffeln haben schon mal unangenehme Solanin-Anfälle. Wegen der hohen Informationsqualität sind Getreide, Wildkräuter und Wurzelgemüse die Favoriten der magischen Küche.

Die Küche der weisen Frau ist ein Kommunikationszentrum, ein Ort, an dem alle Wesen im Universum gewürdigt werden, an dem Achtung vor der Natur und der Lebendigkeit der Nahrung ausgedrückt wird, an dem Unterhaltungen mit Geistern und Göttinnen stattfinden. Wer kennt nicht das Phänomen: Egal wie schön die Wohnung, wie groß und bequem das Wohnzimmer ist, alle sitzen immer in der Küche. Das hat natürlich mit der magischen Qualität der Küche als Ort der Alchimie, der Verwandlung zu tun. Ein Küchenaltar oder Schrein ist ein gutes Arrangement, um dieser besonderen Kraft Ausdruck zu verleihen. In alten Bauernküchen gibt es fast immer einen kleinen Marienschrein, an dem vor einer Marienfigur eine Kerze brennt. Weise Frauen schmücken ihren Schrein mit Bildern oder Figuren von Göttinnen, mit weiblichen Idolfiguren wie der »Venus von Willendorf« zum Beispiel, die es als Replik zu kaufen gibt, mit selbst gemachten Tonfiguren, mit Kräutern, Steinen,

Spiralen, Feigen (als Symbol für die weibliche Kraft), Getreide. Am schönsten ist so ein Altar in einer Nische in der Wand. Wenn es keine Nische gibt, kann man mit alten Ziegelsteinen oder Kacheln einen Schrein bauen. Es ist wichtig, dass die Umfassung des Schreins nicht brennbar ist. Kerze oder Teelicht sollten immer in einer feuerfesten Halterung oder Fassung, Kräuter nie zu dicht an den Kerzen stehen.

Nahrungszubereitung unter dem Aspekt der magischen Verwandlung erfordert beim Vorbereiten und beim Kochen ständigen Kontakt mit allen beteiligten Geistwesen, mit der spirituellen Essenz der Nahrungsmittel. Der Austausch mit dieser Energie reichert die fertigen Gerichte an, von denen auch immer etwas den Geistern, den Göttinnen, den Wesen, die wir nicht sehen, deren Existenz wir nicht »beweisen« können, schenken. Zum Beispiel sprüht man ein wenig Milch oder Schnaps oder Wasser in die Luft, bevor man Zutaten zusammenrührt. Wenn etwas zu Boden fällt, heißt das im magischen Sinn, dass die Geister sich das holen, weshalb man entweder das Heruntergefallene den Geistern widmet oder, wenn man sie unbedingt selbst braucht, eine kleine symbolische Gabe aus den Zutaten abzwackt und sie den Geistern schenkt. Kommunikation mit Zutaten, mit Geistwesen, mit dem eigenen Körper, den Elementen und dem Prozess des Kochens ist die Essenz des magischen Kochens.

Die weise Frau schaut auch auf ihre Gerätschaften, denn wenn die Nahrung lebendig bleiben soll, muss auch der Kontakt mit dem Kochgerät anregend sein. Rührt ein Löffel aus Haselholz das Essen, so geht magische Kraft hinein, ein Eschenholzlöffel wehrt unangenehme Geister ab und Eichenholz gibt Kraft und Ausdauer.

Steinmörser und Steinstößel sind zum Pulverisieren der Gewürze besonders zu empfehlen; feinste mineralische Fragmente aus dem Stein vermischen sich nämlich noch mit den geriebenen Substanzen und verstärken so die wohltuende Wirkung auf den Körper.

Hexen und weise Frauen kochen energiesparend: Die meisten Gerichte (Backwerk und Aufläufe ausgenommen) lassen sich garen, indem die Speise etwa zehn Minuten gekocht und dann in Zeitung eingeschlagen oder in eine Decke gewickelt wird. Diese Art zu kochen entspricht dem Prinzip der Kochkiste, die nicht nur in Afrika oder Indien eine gute Idee ist: Eine Holzkiste wird mit Zeitungspapier oder einer alten Steppdecke ausgelegt, das angekochte Essen kommt im Topf mit Deckel in die Kiste, die Kiste wird mit einem Deckel geschlossen. Meine Großmutter pflegte die Kochkiste ins Bett zu verlegen, was im Winter die wohlige Nebenwirkung hatte, dass das Bett warm war, wenn ich abends hineinstieg.

Ob das Fett in der Pfanne heiß ist, testet die weise Frau mit einem mikroskopisch feinen Spucketropfen. Spritzt das Fett auf, steht dem Einfüllen der Zutaten nichts mehr im Weg.

Frische Kräuter werden dem Essen erst ganz zum Schluss beigefügt, weil sie sonst ihre Kraft verlieren, und salzen sollte man am besten erst beim Essen, denn dann werden die Nieren überhaupt nicht belastet – man braucht tatsächlich viel weniger Salz.

Magisch zu kochen öffnet auch ganz praktisch neue Gebiete. Wo bekommt man Yam, Ingwer, Currypulver, Maniok, Chilis usw.? Plötzlich werden asiatische, türkische, griechische oder afrikanische Geschäfte interessant. Man kommt ins Gespräch, erfährt Geschichten über Nahrungsmittel, wie zum Beispiel, dass in Westafrika Männer, die sehr verliebt sind, rohen geriebenen Maniok essen, weil das potent macht. Oder dass Beifuß das verbündete Kraut der Frauen ist, weil es alle Funktionen der Gebärmutter und der Eierstöcke stärkt. Wer nicht weiß, wo exotische Nahrungsmittel verkauft werden, fragt einfach AfrikanerInnen, InderInnen oder Menschen, die in fernen Ländern gelebt haben, wo sie ihr Essen einkaufen.

Magisch kochen heißt, den eigenen Spielraum erweitern, die Lust auf Ungewöhnliches, Unwahrscheinliches, Unerhörtes zu nähren.

Magie ist die Kunst, Energie zu entschlüsseln, zu erzeugen, auszutauschen, zu erkennen, abgegebene Energie zu erneuern, sich mit Energiequellen zu verbinden und zu verbünden, Informationen überall abzufragen und weiterzuspinnen. Eines der wichtigsten magischen Prinzipien ist: Möglichst geringer Energieaufwand bei möglichst großer Wirkung. Es liegt also auf der Hand, warum Hexen selten verheiratet sind oder Auto fahren – großer Energieaufwand bei relativ geringer Wirkung.

Ist es deshalb sinnvoll für weise Frauen, Göttinnen zu backen, diesen Mehraufwand an Gestaltung auf sich zu nehmen, wenn doch der Teig derselbe ist, wie, sagen wir, bei einem mit einer Form ausgestochenen Stern oder Herzen? Ja! Denn das Gestalten der Göttinnen ist ein geringer Mehraufwand im Vergleich zur Energie, die dadurch entsteht: Während die Göttin geformt, gerufen, gestaltet wird, fließt die Kraft des Universell-Weiblichen durch die Bäckerin, ordnet ihre Gedanken neu, lässt ungeahnte Impulse aufsteigen. Verborgene Räume öffnen sich, nie betretene Gebiete geben Geheimnisse preis.

Göttinnen zu backen ist auch sinnvoll, weil es für den Ablauf des Alltags sinnlos ist. Tätigkeiten, die den reibungslosen Ablauf des täglichen Lebens durchbrechen, helfen, Energie zu erzeugen und Ideen aufsteigen zu lassen, neue Lebensmuster zu erfinden – eine Art von Innovation, von der die Industrie nicht mal träumen kann.

Die Göttinnen sind Energieformen im magischen Konzept. Sie machen mit einer besonderen Kraft vertraut, die Teil des magischen Gewebes ist. Es geht nicht um die Verehrung der Göttinnen, sondern um die vielfältigen Facetten und Schattierungen einer Urkraft, an der viele Menschen vorbeileben, ohne sie

jemals kennen zu lernen. Magisch kochen ist die Verbindung zwischen praktischer Tätigkeit und spiritueller Losgelöstheit, zwischen einer vernünftigen Vorgabe und dem Närrischen in der Praxis, zwischen der Energie der Nahrungssubstanzen und der Macht der Sprache, des Gesangs oder der Symbole.

Unser westlich-zivilisiertes Alltagsdesign ist darauf angelegt, Urkräfte zu bändigen, Eigenmacht einzuschränken, Menschen in stereotype Bewegungsabläufe zu zwingen und damit ihre Fantasie zu brechen. Magie ist lebendiges Gewebe, das immer neue lebendige Fäden braucht, um vibrieren zu können. Scheinbar irrational führt sie aber zur anderen Seite des Gewebes der Welt und zeigt, wo die Fäden vernäht sind, wo sie gezogen werden. Die Kunst, alle Wesen zu verstehen, mit ihnen zu kommunizieren und dadurch Wirklichkeit zu formen und zu wandeln, ist spielerische Energie, ist keine militärische Übung und muss nicht klappen. Meine Freundin eVita, eine begnadete Köchin, die ein Gericht nie zwei Mal kocht, weil sie jedes Gericht beim Kochen erfindet, und mein Freund Dokun, Bildhauer, der sagt, Gedichte kann man nicht aufschreiben, weil sie im Augenblick entstehen, evoziert werden und wieder im Universum versinken, haben etwas begriffen, was für dieses magische Kochbuch elementar ist: Ich kann zwar Rezepte aufschreiben und Zusammensetzungen vorschlagen, aber die wahre Magie der Küche findet zwischen möglichen Zutaten, Behältnissen, Kochgeräten, Gewürzen, der Atmosphäre des Raums und der magischen Köchin statt. Mut zum Umsetzen der augenblicklichen Eingebung und Verantwortung für die Wirkung ist vielleicht die wichtigste Qualität in der magischen Küche.

Magie ist ein Weg, das magische Kochbuch ist eine Wegbeschreibung. Ein Weg kann auf so viele verschiedene Arten begangen und wahrgenommen werden, wie es Menschen gibt. Dabei lässt sich natürlich schwer von Wahrheit sprechen. Jeder Weg hat seine eigene Wahrheit. Das magische Kochbuch beschreibt Energiequellen, Wege dorthin, Mittel, sie zu pflegen und zu feiern, und Möglichkeiten, sie zu verbinden.

Ein magisches Kochbuch ist kein Buch, das man plant, schreibt, praktisch erprobt und veröffentlicht. Es ist ein Gewebe, das sich beginnt selbst zu spinnen.

Der Laptop reagiert auf dieses Buch besonders sensibel. Ist es die Eifersucht (ein Laptop kann nicht essen) oder einfach die hohe Energie? Kaum habe ich ein besonders interessantes Rezept durchgegeben, stürzt mir das Gerät ab.

Vanille und Löwenzahn waren ursprünglich in meinem Konzept nicht vorgesehen, weil ich selbst relativ selten mit diesen beiden Substanzen Speisen zubereitet habe. Doch während ich das Kapitel über Cerridwens Kessel auskochte, schlich sich die Vanille ein. Ich fing an, mit Vanille zu experimentieren – mit erstaunlichen Ergebnissen. Denn Vanille ist nicht etwa süß und schmeichelnd, sondern ähnelt in ihrer Wirkung im Körper dem Pfeffer, macht wach und aufmerksam. Löwenzahn brachte sich ebenfalls mächtig in Erinnerung. Plötzlich erzählten mir alle möglichen Frauen von der wohl tuenden Wirkung, wurden mir Löwenzahnhonig, Löwenzahnöl und Löwenzahnsalat angeboten.

Es war mir nicht möglich, ein Kapitel über Aphrodite durchzusetzen. Stattdessen sprang Macha mit ihrer kompromisslosen Art der Liebe ins Buch und wollte mit ihrer Liebesnahrung vertreten sein. Eigentlich hatte ich vor, nur vegetarische Gerichte zu beschreiben – das ließ Kali nicht zu. Fleisch wird gegessen, Fleisch ist ein Bestandteil menschlicher Nahrung, also muss das Thema gewürdigt werden. Zumal uns im Zeitalter von BSE immer klarer wird, dass nicht das Fleischessen pervers ist, sondern Tierhaltung, Tötung und Verarbeitung von Tieren in unserer westlich »zivilisierten« Kultur – das bewusstlose Konsumieren von übermäßig viel Fleisch. Wenn wir vor allen Lebewesen Respekt haben und achtsam sind, was wir zum Leben brauchen und was wir essen, lassen wir nicht zu, dass Kühe Futter bekommen, das Tierbestandteile enthält, dass Tierkadaver aller Art überhaupt in die Nahrungskette eingeschleust werden, dass Tiere in solch unwürdigen Mengen umgebracht werden. Dann entsteht auch kein spirituelles Problem.

Die Anzahl der Personen, für die ein Rezept geeignet ist, variiert in diesem Kochbuch, denn während ein Rührei mit Kochbananen ein Frühstücksgericht und deshalb perfekt für zwei Personen geeignet ist, bietet das Göttinnenbacken Gelegenheit, ein Fest für viele FreundInnen zu veranstalten. Machas Stew ernährt vier bis sechs Menschen, je nach Hunger, während ein Perchtenschmarrn höchstens die alte Göttinnentriade satt macht (wer hat schon so riesige Pfannen). Deshalb schreibe ich bei jedem Rezept dazu, für wie viele Personen die Menge etwa ausreicht.

Man kann atmen, ohne sich der eigenen Atmung jemals bewusst zu werden, ohne zu spüren, wohin der Atemstrom im Körper fließt und was er bewirkt. Es gibt aber auch die Möglichkeit, den Atem wahrzunehmen, ihn an vergessene Stellen des Körpers auszudehnen, ihn als lebendige Kraft zu feiern und mit dem Atem zu wachsen. Dann wird der Atem zur glückseligen Energie, die immer neue Möglichkeiten wahr macht.

Genauso ist es mit Nahrung. Wir können sie einfach in einer kleinen Stresspause einschieben, wir können sie zelebrieren und als Statussymbol dekorativ einspielen. Wir können aber auch ihre lebendige Kraft abfragen. Dann wird jede Mahlzeit zur intensiven Kommunikation, zu überraschender Entdeckung. Dann ordnet sich die Welt der Nahrungsmittel neu: Da sind die Wurzeln, die uns erden, die uns aus der Tiefe der Erde erzählen, Wildkräuter vermitteln uns die Weisheit wild wachsender Pflanzen und manchmal gibt es eine Substanz, die ganz individuelle Geschichten mitbringt, die gar nicht »typisch« für sie sind. In der magischen Sicht der Welt ist deshalb auch nicht mehr der Nährwert oder die Heilkraft eines Nahrungsmittel entscheidend, sondern die Botschaft, die es beinhaltet.

Jeder Mensch könnte das eigene magische Kochbuch entwickeln. In Marcel Prousts Kochbuch würden sicher »Madeleines« vorkommen, dieses für ihn so magische Gebäck. Vita Sackville-West würde vielleicht kandierten Ingwer als höchste magische Substanz beschreiben, für Kanzler Schröder könnte die größte Magie in einer Currywurst liegen – die Küchenmagie des Altkanzlers mag ich mir gar nicht ausmalen. In diesem Sinn ist das magische Kochbuch eine Anregung, die eigene Magie des Kochens zu entwickeln und herauszufinden, wo eine besondere Kraft wartet, entdeckt zu werden.

Was unbedingt in eine magische Küche gehört

Besen

Wenigstens ein Reisigbesen sollte in einer magischen Küche stehen. Da geht es weniger um die Sauberkeit, als um das Vertreiben unangenehmer Geister durch symbolisches Fegen. Die weise Frau entlockt dem Reisigbesen ungeahnte Kräfte.

Dinkel, Gerste, Hafer

Als wichtigste Getreidearten mit dem größten Informationswert.

Erdnussöl, Distelöl, Olivenöl

Diese wichtigsten Fette der magischen Küche eignen sich auch zum Abschminken des Gesichts und zum Einmassieren in die Haut.

Getreidemühle

Damit können alle Körner zu Schrot oder Mehl gemahlen werden.

Küchenaltar

Zum magischen Aufladen der Nahrung oder zum Verwandeln von missglückten Gerichten.

Meersalz

Zum Salzen und für Reinigungsrituale (die vier Ecken eines Raums im Uhrzeigersinn salzen und gegen den Uhrzeigersinn wieder aufkehren, das Salz im fließenden Wasser entsorgen, z.B. in der Toilette).

Salbei und Rosmarin

Zum Würzen und Teemachen und zum Räuchern und um schlechte Einflüsse zu vertreiben.

Schwarzer Tee

Zum Trinken und zum Behandeln müder und entzündeter Augen (die Teebeutel auf die Augen legen).

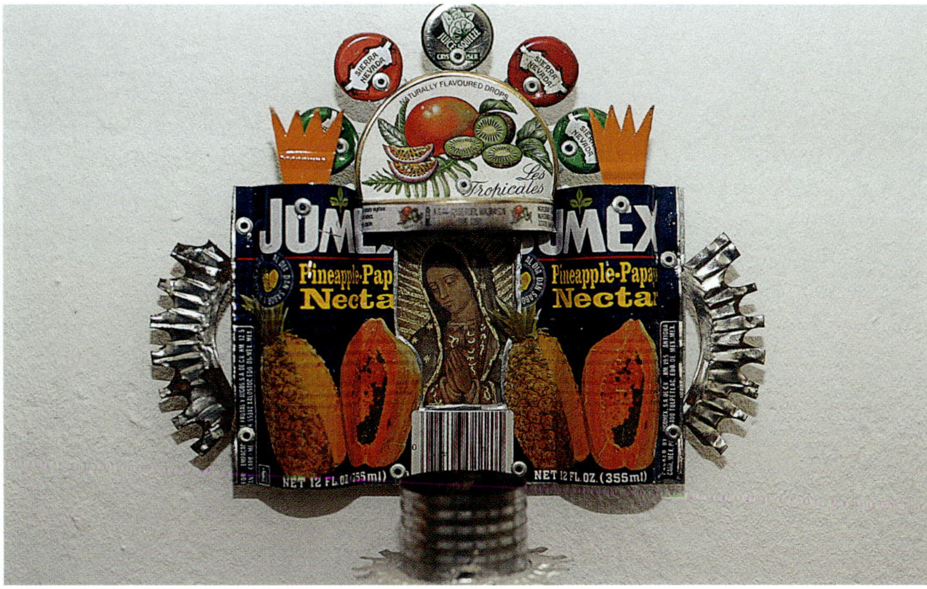

Spaghetti und eine Büchse geschälte Tomaten

Wenn alle Stricke reißen, das Essen einfach nicht magisch werden will und alle Zaubersprüche versagen, bringt's ein Teller Spaghetti immer: Nudeln in reichlich kochendem Wasser etwa zehn Minuten kochen, al dente, sodass sie noch Biss haben, währenddessen die geschälten Tomaten mit klein geschnittenen Zwiebeln in etwas Butter in einer Pfanne köcheln.
Spaghetti mit Tomatensoße erden und beruhigen die Seele.

Steinmörser und Stößel

Einerseits zum Pulverisieren von allen Kräutern und Wurzeln, andererseits zum Rufen von Babayaga, die in einem Mörser fliegt. Wer ihre wilde Kraft braucht, dreht den Stößel im Mörser und gackert wie ein Huhn, denn das Huhn ist das Tier der Baba.

Zimt, Vanillestangen und Ingwer

Zum Würzen, aber auch für Tee gegen Erkältungen und immunschwache Zeiten.

Aus Cerridwens Kessel

Zutaten der magischen Küche und ihre Bedeutung

Tiefer und tiefer rührt Cerridwen die Zutaten des Lebens in ihren großen Kessel, was sie zusammenrührt, muss sich begegnen, und umgekehrt, was du willst, das dir in deinem Leben begegnen soll, bittest du Cerridwen, in deine Lebenszutaten einzurühren. Da die Substanzen, die ein Leben gestalten, außerordentlich wichtig sind, ist es sinnvoll, nicht nur Cerridwen um Hilfe zu bitten, sondern auch auf die eine oder andere Zutat zu verzichten, die eine unheilvolle Kraft beinhaltet. »Mit Butter, Eiern, Mehl und Zucker kann man nicht viel falsch machen«, sagte meine Großmutter. Das gilt sicher im übertragenen Sinn für das ganze Leben: Sind die Zutaten gut, ist die Hälfte der Anstrengung schon geschafft.

Die keltische Cerridwen, Göttin des Getreides, der Wurzeln, der Erdkraft, die vor allem in England und Wales verehrt wurde, ist die unangefochtene Gebieterin des Kessels in der Mythologie. In ihrem Kessel kocht sie, was sich materialisieren soll. Sie rührt den Zauber ihrer mächtigen Worte ein Jahr und einen Tag lang in die Nahrung. In englischen Hexenkreisen wird deshalb nach einem Jahr und einem Tag eine neue Priesterin berufen.

Cerridwen versteht die Kunst der Gestaltwandlung. Ein Mythos erzählt, dass sie eine wunderschöne Tochter und einen hässlichen Sohn hatte. Sie schenkte ihrem Sohn zum Ausgleich die Fähigkeit, alles zu hören, was auf der Welt gesprochen und gesungen wurde. Ein Hirte kam dazu und stahl etwas von dieser Fähigkeit. Sie jagte ihn. Er nahm die Gestalt eines Hasen an, sie wurde zum Windhund, er verwandelte sich in einen Fisch, sie wurde zum Otter, er wurde zum Vogel, sie zum Habicht. Schließlich verwandelte er sich in ein Weizenkorn und Cerridwen pickte in Form einer Henne das Korn auf und gebar neun Monate später Taliesin, den mythischen Zauberer.

Die Nahrung in Cerridwens Kessel wird aus der Urkraft der Natur gekocht. Sie gilt vielen englischen Hausfrauen noch heute als die Schutzgöttin der Küche und des Kochens. Gleichzeitig steht sie aber auch für die wilde, unbezähmbare Kraft der Frauen, die »wild gewordene« Hausfrau, die Hexe im ursprünglichsten Sinn des Wortes, denn das stammt von »hagazussa«, Zaunreiterin, und bedeutet, dass diese Frau auf dem Zaun, auf dem Hag, sitzt und sowohl mit der Zivilisation als auch mit der Wildnis vertraut ist.

Cerridwens Altar oder Schrein kann ein alter Kupferkessel mit Getreide sein, dabei liegt vielleicht eine Krähenfeder, denn Krähen halten sich gern in ihrer Nähe auf. Stachelschweinborsten, das Bild oder die kleine Skulptur eines Schweins runden das Ganze ab. Das verbündete Tier der Cerridwen ist die Sau.

Cerridwen lehrt uns, Substanzen zu unterscheiden, die guten zu nutzen, die schlechten zu vermeiden. Unter Cerridwens scharfem Blick entpuppt sich die unheilvolle Kraft so mancher lieb gewordener Zutaten.

Alkohol – zerlegt die Abwehrkräfte des Körpers. Während ein wenig Bier oder Wein dem Körper durchaus gut tun, das Herz und die Verdauung anregen und

die Stimmung aufheitern, bewirkt schon allzu regelmäßiger Konsum eine Schwächung der Körperbalance.

Fett – während das Öl von Oliven, Walnüssen, Kokosnüssen, Disteln oder Sonnenblumen (die so genannten ungesättigten Fettsäuren) ausgesprochen günstig für den Körper ist, machen tierische Fette im Übermaß schwerfällig und lassen uns den Überblick verlieren. Pflanzliche Fette helfen uns, Giftstoffe im Körper zu binden, weshalb es günstig ist, mit Distelöl oder Sonnenblumenöl morgens den Mund zu spülen und damit viele Keime zu entfernen (spülen und gurgeln, bis das Fett mit der Spucke eine Art Emulsion bildet).

Fleisch – wer zu viel davon isst, wird ängstlich, panisch oder aggressiv. Die Wirkung von Fleisch und den darin enthaltenen Giftstoffen und Hormonen bewirkt im menschlichen Körper nicht selten den Verlust von Gelassenheit.

Getreide-Milch-Kombinationen – während Getreide ein geradezu ideales Nahrungsmittel darstellt, ist die Kombination mit Milch ungünstig, weil es zu Gärungsprozessen kommt, die die feinen Wirkungen der Botenstoffe im Körper stören. Frisch gemahlenes Getreide als Müsli mit Milch ist vom spirituellen Standpunkt aus ungünstig.

Nachtschattengewächse – Tomaten und Kartoffeln gehören wie Tollkirschen zu den Nachtschattengewächsen. Weise Frauen gehen mit der Familie der Nachtschattengewächse sparsam und respektvoll um, denn, in geringem Maß genossen, fördern diese zwar die Hellsichtigkeit, wenn dem Organismus jedoch zu viel zugemutet wird, schlägt die Wirksamkeit in Nebenwirkungen um. Zu viele Tomaten fördern zum Beispiel die Harnstein- und Harnkristallbildung, zu viele Kartoffeln bringen die Flüsse des Körpers ins Stocken und Tollkirschen werden ohnehin nicht gegessen, sondern ihre Botschaften erfühlt. Wer das nicht kann, kann auf die Wirkung der Tollkirschen ganz verzichten, denn dem würden sie außer Vergiftungserscheinungen und heftigen Kopfschmerzen nichts bringen.

Nüsse – so wertvoll und vorteilhaft sie für den Körper sind: In großer Menge genossen, erzeugen sie jede Menge Probleme, da sie viele Fette enthalten und oft gar nicht mehr richtig verdaut werden können. Besonders ungünstig sind Walnüsse, die nicht sachgemäß geerntet wurden. Sie können Pilzbefall haben und grässliche allergische Reaktionen auslösen. Hasel- und Walnüsse sollten nicht länger als ein Jahr aufbewahrt werden. Unmittelbar nach der Ernte müssen sie, nebeneinander (nicht aufeinander!) liegend, an einem luftigen Ort getrocknet werden. Feuchtigkeit bei der Aufbewahrung ist unbedingt zu vermeiden. Erdnüsse werden am besten frisch in afrikanischen Lebensmittelläden gekauft. Die Nüsse waschen, in kochendem Wasser einige Minuten aufkochen lassen, auf einem Küchentuch nebeneinander liegend trocknen.

Salz – einerseits ist Salz für uns lebensnotwendig, doch da die europäisch-zivilisierte Küche immer eher zu salzhaltig ist, »verkrusten« wir spirituell. Abgesehen von der schädlichen Wirkung von zu viel Salz auf die Nieren und die Entgiftung des Körpers schadet das Salz auch der Feinwahrnehmung und dem freien Austausch der Botenstoffe (Hormone) im Körper.

Zucker – macht benommen, setzt Vitamine und körpereigene Hormone außer Kraft und beraubt uns bei übermäßigem Genuss unserer Eigenmacht. Zucker kann im Körper in Fuselalkohol umgebaut werden, deshalb werten einige Wissenschaftler die Sucht nach Süßigkeiten bereits als eine Form des Alkoholismus.

Jetzt die erfreulichen Wirkungen

Anis und Kümmel – regen die Verdauung an, verhindern Blähungen und beruhigen. Anis ist schlaffördernd.

Apfel – Frucht der Göttin, weckt die Göttin in jeder Frau und hilft Unverdauliches verdauen.

Bärlauch – die wilde, sich aufbäumende, durch nichts zu zähmende Kraft bringt im Frühling neuen Schwung und Willenskraft.

Beifuß – geheimnisvollstes aller Kräuter, vertreibt in der richtigen Dosierung Sorgen, Kopfschmerzen (übrigens auch Malaria) und wehrt magische Angriffe ab.

Birne – putzt das Hirn und den Darm durch und setzt die Kraft und die Zirkulation von Serotonin und Melatonin frei.

Brennnesseln/Taubnesseln – spülen den Körper durch, machen heiter und leicht. Außerdem gelten Nesseln in der Welt des Magischen als Verwandlungssubstanz, eine Vision, die mit Nesseln gewirkt, geflochten, gewoben ist, vermag sich zu materialisieren.

Chili – weckt Magen und Darm auf und wirft Verbrauchtes raus.

Dinkel – macht glücklich, auch in Form von Bier.

Feigen – stärken die sinnliche Kraft der Frauen und die Abwehrkräfte. Frische Feigen sind ein beinahe nicht zu übertreffendes Heilmittel.

Gerste – fördert den gesunden Schlaf und die Fähigkeit zum Entspannen. In altgriechischen Zauberritualen steht Gerstenmehl für die zu bezaubernde Person. In Tibet und Nordindien ist Gerste Hauptnahrungsmittel, Opfergabe für Götter und Geister und die wichtigste Zutat bei magischen Kuchen.

Hafer – macht beherzt und kräftigt so auch das Herz.

Hirse – weckt die magische Kraft, gibt dem Körper, was er am meisten braucht: Kieselsäure. Hirse ist das magische Getreide par excellence und hilft entscheidend dabei, das eigene Zauberpotenzial zu finden und zu pflegen.

Holunder – macht weise und weckt das alte Archiv im Stammhirn/im Rückenmark. Hollerbeeren gelten als das Blut der Göttin. Mit Hollerblüten (zum Beispiel in Form von Hollerkücherln) nehmen wir das Lachen der Göttin in den Körper auf. Hollerblüten und Beeren gibt's nicht im Geschäft zu kaufen. Die Blüten werden im Mai/Juni, die Beeren im August/September gesammelt.

Honig – ruft die Ahninnen und Mütter, bringt alle Flüssigkeiten in Schwung und ist auch Kommunikationssubstanz im Körper.

Ingwer – macht wach, frech und übermäßig lustig. Nach mehreren Litern Ingwertee produziert der Organismus blubbernde Lachanfälle. Ingwer ist ein Heilmittel für fast alle Krankheiten.

Kreuzkümmel – regt vergessene Kammern im Hirn an, stellt die Verbindung zwischen Kopf und Verdauung, zwischen Hirn und Darm her.

Löwenzahn – stärkt die Abwehrkraft, weckt den Körper auf und macht ihn lustig und widerstandsfähig. Fördert die Kommunikationsfähigkeit mit der Natur.

Maniok (afrikanische Wurzel) – durchblutet die Sexualorgane, macht Männer potent und Frauen lust-ig.

Nelken (mit Näglein besteckt! Zitrone mit Nelken) – bringen ruhigen, glücklichen Schlaf und süße Träume, wehren alle Arten von spirituellen und magischen Angriffen ab. Wirken natürlich auch keimtötend und dämpfen Zahnschmerzen.

Nüsse (Baumnüsse wie Walnüsse und Haselnüsse) – fördern die Kommunikationsfähigkeit des Hirns mit Energien im Universum und mit den alten Zentren der menschlichen Erinnerung.

Pastinak – früher eine oft verwendete Wurzel im Alpenraum, ist heute hauptsächlich in Bioläden zu kaufen. Satte Wurzelenergie, viele feinstoffliche Informationen für den Körper, Mineralstoffe und Spurenelemente. Wer viel Wurzelgemüse isst, kann sich die Vitamin-/Mineralstoffpillen wirklich sparen.

Rote Bete – greift tief ins Kommunikationssystem unserer Zellen ein, reinigt, erneuert, heilt.

Safran – durchblutet die Sexualorgane und fördert sinnliche und lustvolle Energien im Körper, zum Beispiel als Prise in heißer Milch mit Honig.

Salbei – stellt die Verbindung zu den AhnInnen her, enthält viele Bitterstoffe und Spurenelemente, die der Abwehrkraft und der Verdauung helfen, und vertreibt als Tee und Dampfbad Erkältungen.

Vanille – frisch aus Vanillestangen ausgeschabt, stärkt sie die Abwehrkraft und regt den Körper zu stärkerer Durchblutung an. In Mandelöl eingelegt und auf die Haut aufgetragen, heilt und glättet sie irritierte Haut (vorher auf allergische Reaktion testen, Vanille hat eine sehr starke Wirkung).

Wacholder – AhnInnenkraut, wichtigste Verbindung in der Natur zu den Alten, Wissenden, zu den weisen Frauen, den Hexen und göttlichen Wesen.

Wilde Kresse – wichtigste Lieferantin von Spurenelementen, seltenen Mineralien, Selen und damit wichtigste Übersetzerin für die Sprache der wilden Kräfte und der Natur.

Wurzeln (Meerrettich, Angelika, Enzian, Beinwell) – vermitteln die Sprache der Erde, helfen bei der Verwurzelung und beim Verständnis der verborgenen Räume in dir selbst. Enzian heilt Magen und Darm, Angelika stärkt die Traumkraft und schützt vor unangenehmen Einflüssen aller Art, Meerrettich vertreibt Fieber und Krankheit, Beinwell hilft bei Knochenheilung und bei Wucherungen.

Yam (afrikanische Wurzel) – Erdkraft pur, stärkt die Lebensenergie des ganzen Körpers.

Zimt – macht heiter und reibt sich erfolgreich an Krankheitserregern.

Zwetschge – lustfördernde Substanz, bringt die Erinnerung an Mondenergie.

Noch ein paar Tipps

- Die weise Frau macht sich ihre Kräutermischungen selbst, sucht Kräuter im Frühjahr und Sommer, jedoch nicht später als 15. August (Kräuterweihe), trocknet sie, reinigt sie in einem Ritual mit Räuchern und Rasseln und pulverisiert sie im Steinmörser – die sind garantiert nicht bestrahlt.
- Wer Pilze nicht selbst kennt, kauft sie frisch auf dem Markt und gibt sie bei 50 °C in den Backofen, bis sie richtig getrocknet sind. In geschlossenen Glasgefäßen aufbewahren.
- Wurzeln trocknen und reiben: Prisen davon ins Essen.
- Nahrungsmittel nach Jahreszeit kaufen, keine Nahrungsmittel verwenden, die lange Anfahrtswege haben (Gift zur Konservierung, nicht reif, keine Kraft mehr), gekochtes Essen nicht mehrmals aufwärmen (obwohl ich natürlich selbst weiß, wie gut aufgewärmtes Essen schmeckt).

Amazonen-Trank

Gerichte und Getränke, die groß und stark machen

Als die Spanier im südamerikanischen Urwald nach Gold suchten, machten sie eine erstaunliche Entdeckung: Wilde Frauen auf kleinen Pferden galoppierten neben ihrem Schiff her und verschwanden wieder im Urwald. Sie bekamen die Frauen nicht mehr zu Gesicht, nannten sie jedoch nach dem Fluss Amazonas »Amazonen«. Es gab in allen Erdteilen Amazonen: kämpferische, freie Frauen, die sich keinem Stamm, keiner Regierung, keiner Macht unterordneten, von den mongolischen fliegenden Reiterinnen bis zu den Amazonen Lykiens und Griechenlands, deren berühmteste Königin Penthesilea ist. Eine der Theorien über die Amazonen Lykiens sagt, dass skythische Reiter aus dem Norden in einem matriarchalen Siedlungsgebiet einfielen und die Frauen unterwerfen wollten. Einige blieben, andere flohen, beschafften sich Pferde wie die Skythen, lernten zu kämpfen und zogen fortan umher, ohne sich irgendwo niederzulassen. Die Kunst des Kampfes, der körperlichen Auseinandersetzung, Entschlossenheit oder Willensstärke sind keine männlichen Eigenschaften. Monotheistische Religionen haben den Frauen das Recht zu kämpfen genommen, kämpferische Frauen tabuisiert; mit gutem Grund: Frauen können ausdauernder und entschlossener kämpfen, weshalb auch das Amazonenheer der Reine Guezo, der Königin des alten Dahomey Westafrikas, weithin gefürchtet war. Das Klischee der sanften, empfangenden, fürsorglichen, weichen Frau, das sich ja eigentlich nur im »westlich-zivilisierten« Teil der Welt so hartnäckig hält, wurde nicht nur durch die Amazonen der Geschichte widerlegt, die Amazonen sind für Frauen von heute wichtige Vorbilder, wenn es darum geht, für die eigene Unverletztheit, für die eigenen Ziele zu kämpfen.

Die griechischen Amazonen lebten Überlieferungen zufolge am Fluss Thermodon und trafen sich mit jungen Männern nur einmal im Jahr zu einem großen Fest.

In die magische Küche bringen die Amazonen alle Gerichte und Getränke ein, die den Körper kräftigen, die Abwehrkräfte stärken und schnell zubereitet oder überallhin mitgenommen werden können. Die Rezepte der Amazonen beschreiben die Kraftnahrung der wilden Frau, die unterwegs ist zu sich selbst.

Agatha Christie, die Krimischriftstellerin, pflegte auf Reisen stets ihren eigenen englischen Tee mitzunehmen. Die Amazone von heute hat immer eine Thermoskanne mit ihrem eigenen stärkenden Tee dabei, denn Getränke in Gaststätten eignen sich oft nur, um den Flüssigkeitspegel wieder auszugleichen, nicht jedoch, um Abwehrkraft und wilde Heiterkeit aufzunehmen.

Ein Altar für die Amazonen kann mit einer kleinen Doppelaxt und Artemisiapflanzen (Beifuß, das Kraftkraut der Amazonen) und efeuförmigen Schutzschildern geschmückt werden. Ihre Symbolfarbe ist Blau. Pferde sind ihre Begleittiere, Salamander ihre Symboltiere.

Amazonenwein

Ergibt 0,75 l

1 kleines Stück Enzianwurzel
1 fingergroßes Stück frischer Ingwer
1 Flasche sehr trockener Rotwein
2 Gewürznelken
1 Zimtstange
3 Wacholderbeeren

1. Die Enzianwurzel und den Ingwer schälen.

2. Die Enzianwurzel und den Ingwer in einen Topf geben und mit dem Rotwein aufgießen. Die Gewürznelken, die Zimtstange und die Wacholderbeeren ebenfalls dazugeben und alles kurz aufkochen.

3. Den Topf vom Herd nehmen, den Wein kalt werden lassen und die Gewürze abgießen.

Der Amazonenwein hilft dir, wenn du viel Kraft brauchst.

Kraftsalat

Für 4 bis 6 Personen

500 g weiße Bohnen
1 Rosmarinzweig
1 große Zwiebel
etwas frische Kapuzinerkresse oder, besser noch, wilde Kresse
200 g getrocknete Tomaten
3 EL Olivenöl
etwas Balsamicoessig
Salz
Pfeffer

1. Die Bohnen über Nacht einweichen.

2. Am nächsten Tag mit reichlich kaltem Wasser aufsetzen. Den Rosmarinzweig waschen, trockenschütteln und dazugeben. Die Bohnen langsam weich kochen. Dann vom Herd nehmen, das Wasser abgießen und die Bohnen etwas abkühlen lassen.

3. Die Zwiebel schälen und klein schneiden. Die Kresse waschen, trockenschütteln und die Blätter abzupfen.

4. Zwiebel, Bohnen, getrocknete Tomaten und Kresse mischen. Mit dem Olivenöl und etwas Balsamicoessig anmachen und mit Salz und Pfeffer würzen.

Die magische Wirkung von weißen Bohnen: Sie stärken die uralte Kraft in jeder Frau und wecken die Erinnerung an Eigenmacht. Von weißen Bohnen heißt es in vielen Märchen, dass sie schier übermenschliche Körperkräfte zusammen mit Hellsichtigkeit verleihen.

Gerstensuppe

Für 4 Personen

100 g Rollgerste
1 l Gemüsebrühe
1 Zwiebel
1 Knoblauchzehe
Olivenöl zum Anbraten
etwas Gerstenmehl
Saft von 1/2 Zitrone
Salz
Pfeffer

1. Die Gerste in der Gemüsebrühe weich kochen. Die Zwiebel und die Knoblauchzehe schälen und klein schneiden.

2. Olivenöl in einer Pfanne erhitzen und die Zwiebel und die Knoblauchzehe anbraten. Mit etwas Gerstenmehl bestäuben und verrühren.

3. Die Gerstensuppe an die Zwiebel und den Knoblauch angießen und noch etwas köcheln lassen. Mit dem Zitronensaft abschmecken. Je nach Belieben beim Essen mit Salz und Pfeffer würzen.

Gerstensuppe gibt dem Körper alle Stoffe, die zu seiner Entwicklung und zum Wachstum nötig sind und regt die alten Zentren im Hirn an.

Die TibeterInnen schwören darauf, dass Gerste hellsichtig macht. Sie tragen geröstetes Gerstenmehl in einem Säckchen bei sich und essen es mit etwas Brühe bei Bedarf. Das ist eine sinnvolle Alternative zu fetten Burgern und Pizzas, die vielleicht ohnehin verseucht sind.

Geröstetes Gerstenmehl

Für 1 Person

Olivenöl oder Distelöl zum Anbraten
250 g Gerstenmehl

1. Öl in einer Pfanne erhitzen, das Gerstenmehl hineingeben und unter ständigem Wenden und Rühren braun rösten.

2. Die Pfanne vom Herd nehmen und das geröstete Gerstenmehl abkühlen lassen. Das Gerstenmehl in ein Leinensäckchen füllen.

Kartoffelfladen

Für 4 Personen

3 große Kartoffeln
2 Karotten
1 Zwiebel
Majoran
Salz
1 Ei
2 EL Gerstenmehl
Sonnenblumenöl zum Backen

1. Die Kartoffeln waschen und schälen. Die Karotten ebenfalls schälen. Beides nicht zu fein reiben und das Gemüsewasser abtropfen lassen.

2. Die Zwiebel schälen und klein schneiden. Die Zwiebel, die Kartoffeln und die Karotten in einer Schüssel mischen und mit Majoran und Salz würzen. Das Ei und das Gerstenmehl zu dem Gemüse geben und einen festen Teig kneten.

3. Sonnenblumenöl in einer Pfanne erhitzen, die Hälfte des Teiges in die Pfanne geben und den Kartoffelfladen von beiden Seiten goldbraun backen. Dann die andere Hälfte des Teiges in die Pfanne geben und ebenso verfahren.

In Bayern werden die Fladen kleiner gebacken und mit Sauerkraut gegessen. Das Sauerkraut wird mit Wacholderbeeren und Zwiebeln gedünstet.

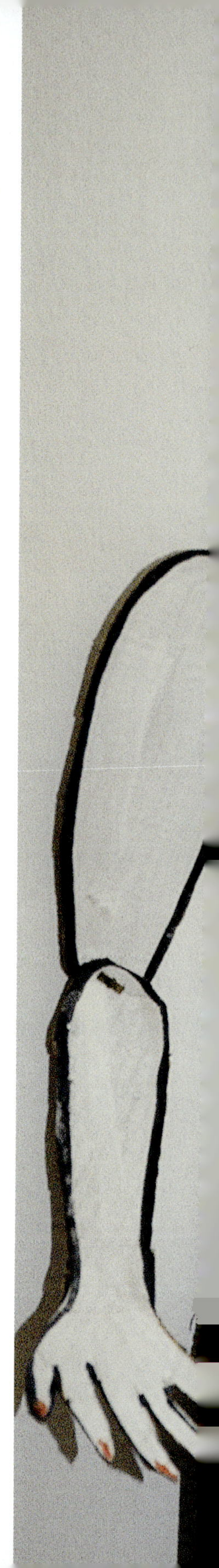

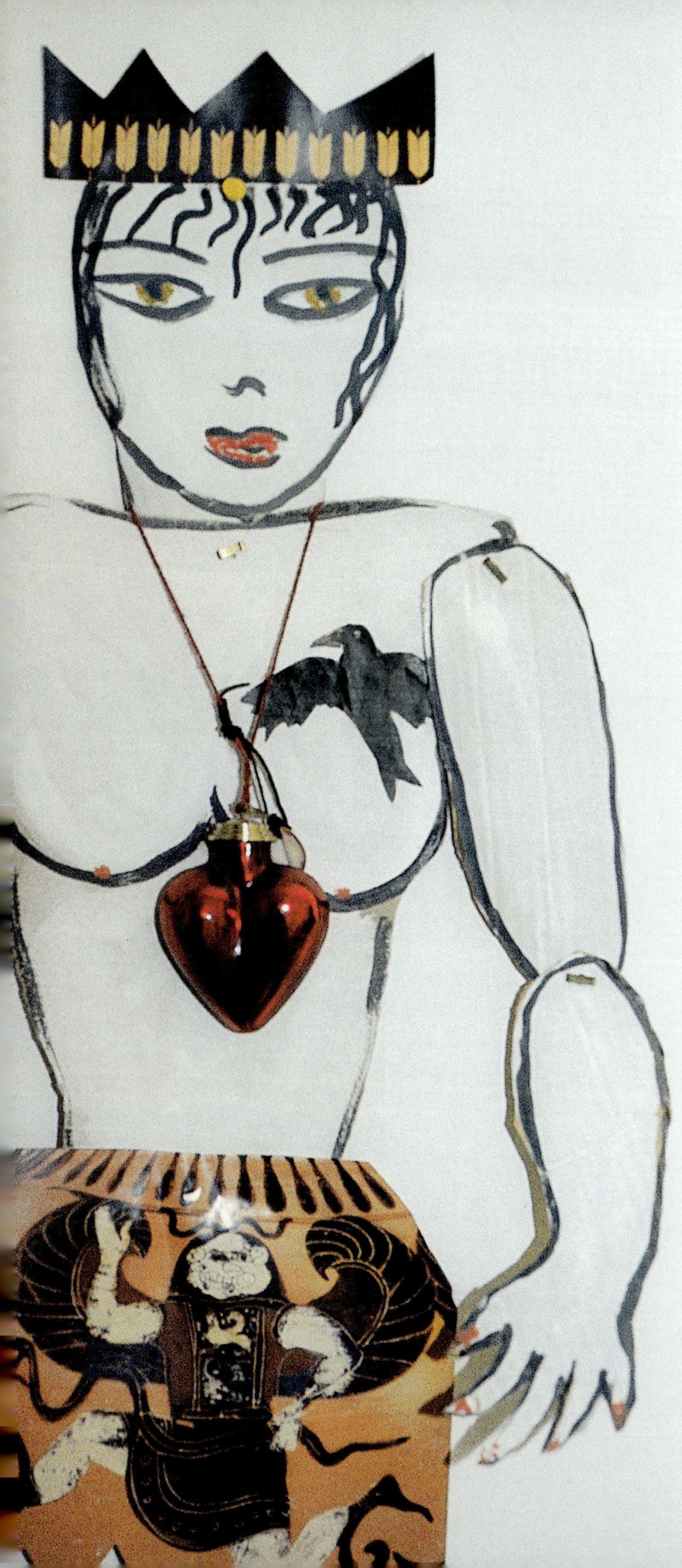

Kraftplätzchen

Ergibt 40 Plätzchen

200 g frische Butter
1 Ei
500 g Gerstenmehl
(am besten frisch gemahlen)

1. Die Butter weich werden lassen. Den Ofen auf 200 °C vorheizen.

2. Die Butter mit dem Ei, dem Gerstenmehl und etwas Wasser in eine Schüssel geben und einen Teig kneten.

3. Den Teig ausrollen und entweder mit einem Glas runde Plätzchen ausstechen oder Formen nach Belieben mit einem Messer oder Förmchen ausschneiden.

4. Plätzchen auf einem Backblech mit Backpapier in den Ofen geben und 10 bis 20 Minuten backen, bis sie goldbraun sind.

Diese Plätzchen sind einerseits sehr gute Energielieferanten auf Reisen oder bei nächtlichen Ritualen und können auch gut mit Käse gegessen werden.

MACHAS PUDDING

Verführerische Kleinigkeiten, Liebestränke und zauberhafte Verlockungen

Macha, die keltische Königin und Göttin, verliebte sich nicht in einen klugen, weisen, mächtigen Mann, sondern in einen Bauern. Der Bauer hatte natürlich keine Ahnung, wer seine Frau war. Er bewunderte sie grenzenlos. Sie war eine stattliche Erscheinung mit roten Haaren und einem sinnlichen Körper. Die beiden liebten sich über alle Maßen. Macha kochte ihrem Liebsten die köstlichsten Gerichte, Pudding und Stew, köstliche Kräuterfladen und heiße Liebestränke. Der Bauer wusste gar nicht recht, wie ihm geschah. Er war im Paradies und wusste nicht, wie er da hingekommen war. So bemühte er sich, seine Liebste zu verwöhnen, wenn er sie schon nicht verstand.

»Du darfst alles tun«, sagte Macha zu ihrem Geliebten, »doch niemals darfst du mit mir prahlen.« Das war keine leichte Forderung, denn Macha war schön, klug, das Land blühte unter ihren Händen auf, das Vieh gedieh unter ihrer Zuneigung, aber am eindrucksvollsten war ihre körperliche Beweglichkeit: Sie konnte rennen wie niemand sonst. Der Mann dachte, dass es wohl mit ihren Kochkünsten zusammenhängen musste, denn auch er fühlte sich kräftiger und wohler, je länger er mit ihr zusammenlebte und von ihren Gerichten aß.

Eines Tages hatte der Bauer beim König zu tun und der gab groß an, wie schnell seine Pferde liefen und wie toll sie seien. Da sagte der unglückliche Mensch: »Ach, die Pferde sind doch lahm! Da solltest du mal meine Frau sehen! Selbst jetzt, wo sie schwanger ist, läuft sie deinen Pferden davon.«

Das ärgerte den König gewaltig. Sofort ließ er die hochschwangere Macha holen und gegen seine Pferde antreten. Das Zeichen zum Start wurde gegeben. Die Pferde hatten noch keine zwei Schritte getan, da war Macha schon davongelaufen und alles, was die Menschen von ihr noch sahen, war eine Staubwolke. Sie kehrte nie wieder zu den Menschen zurück.

Das zeigt, wie dumm die Menschen oft sind: Es reicht ihnen nicht, das Paradies zu haben, aus der Fülle zu leben.

Zum Glück sind einige der Rezepte Machas überliefert, sodass wir wenigstens in den Genuss ihrer nährenden Kraft kommen können.

Machas Altar enthält die Farben Grün, Rot und Gold. Kleeblätter und Misteln passen gut zu ihr.

Machas Delight

(nach einem Rezept meiner Schwester Ilse)
Für 4 bis 6 Personen

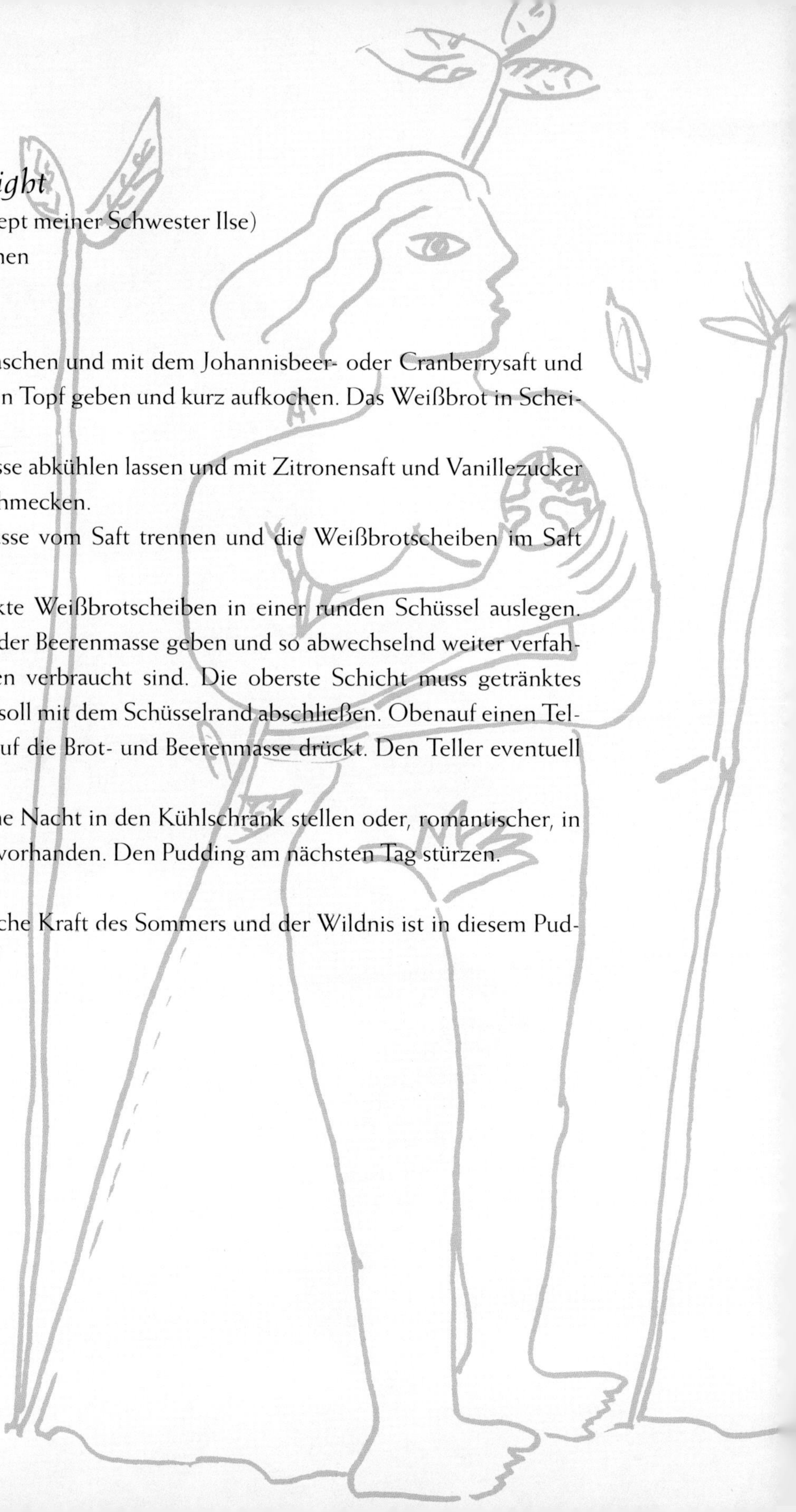

200 g schwarze Johannisbeeren
200 g rote Johannisbeeren
200 g weiße Johannisbeeren
200 g Blaubeeren
200 g Himbeeren
(Keine Erdbeeren verwenden, weil diese zu stark aufweichen!)
1/2 l Johannisbeersaft oder Cranberrysaft
100 g Zucker
1 kg Weißbrot
(Zugegeben, die schlaffe Weißbrotsorte, die für dieses Rezept am geeignetsten ist, wird eigentlich nur in England hergestellt.)
Saft von 1 Zitrone
Vanillezucker

1. Die Beeren waschen und mit dem Johannisbeer- oder Cranberrysaft und dem Zucker in einen Topf geben und kurz aufkochen. Das Weißbrot in Scheiben schneiden.

2. Die Beerenmasse abkühlen lassen und mit Zitronensaft und Vanillezucker nach Belieben abschmecken.

3. Die Beerenmasse vom Saft trennen und die Weißbrotscheiben im Saft wenden.

4. Einige getränkte Weißbrotscheiben in einer runden Schüssel auslegen. Hierauf etwas von der Beerenmasse geben und so abwechselnd weiter verfahren, bis die Zutaten verbraucht sind. Die oberste Schicht muss getränktes Weißbrot sein und soll mit dem Schüsselrand abschließen. Obenauf einen Teller legen, der fest auf die Brot- und Beerenmasse drückt. Den Teller eventuell noch beschweren.

5. Das Ganze eine Nacht in den Kühlschrank stellen oder, romantischer, in den Erdkeller, falls vorhanden. Den Pudding am nächsten Tag stürzen.

Die ganze magische Kraft des Sommers und der Wildnis ist in diesem Pudding!

Machas Stew

Für 4 bis 6 Personen

1 große Zwiebel
1 kg Kartoffeln
1/2 Knollensellerie
1 Pastinakenwurzel
3 Stangen Lauch
4 große Karotten
500 g grüne Bohnen
1/8 l Sonnenblumenöl
oder Olivenöl
1/2 l Gemüsebrühe
1 Bund Petersilie
Salz
Pfeffer
saure Sahne

1. Zwiebel, Kartoffeln, Sellerie und Pastinakenwurzel schälen und alles würfeln. Den Lauch längs einschneiden und waschen. Die Karotten schälen und beides in Scheiben schneiden. Die Bohnen waschen und klein schneiden.

2. Das Öl in einem Topf erhitzen. Zuerst die Zwiebel und den Lauch anbraten, dann Kartoffeln, Karotten, Pastinakenwurzel, Sellerie und Bohnen dazugeben und ebenfalls anbraten. Die Gemüsebrühe angießen und alles etwa 30 Minuten kochen lassen.

3. Die Petersilie waschen, trockenschütteln und hacken. Zu dem Gemüse geben und mit Salz und Pfeffer würzen. Den Topf vom Herd nehmen, mit einem Deckel schließen und in eine Wolldecke einschlagen. So weitere 10 Minuten garen. Mit etwas saurer Sahne servieren.

Machas Wilde Suppe

Für 4 bis 6 Personen

1 große Knollensellerie
2 weiße Rüben
1 große Zwiebel
1 Petersilienwurzel
3 Karotten
1 l Gemüsebrühe
1 Bund Petersilie
Sauerrahm
Salz

1. Sellerie, weiße Rüben, Zwiebel, Petersilienwurzel und Karotten schälen. Die weißen Rüben waschen und alles klein schneiden.

2. Das Gemüse mit der Gemüsebrühe etwa 15 Minuten kochen lassen. Die Petersilie waschen, trockenschütteln und hacken. In den Topf dazugeben und das Ganze nochmals kurz aufkochen lassen.

3. Den Topf vom Herd nehmen und noch etwas ziehen lassen. Mit etwas Sauerrahm servieren. Salz erst beim Essen dazugeben.

HUHN À LA BABAYAGA

Speisen, die zu den wichtigsten Hexenfeiertagen passen

Babayaga, die Hüterin der Dunkelheit, des Sonnenaufgangs und des Tages, lebt, der Sage nach, in einem Häuschen auf Hahnenfuß, ihr Gartenzaun ist aus Menschenknochen gemacht. Sie dreht das Rad des Lebens, das Rad der Geschichte, den Jahreskreis. Wer zu ihr geht, verlässt die Zeit, tritt ein in den mythischen Wald der Göttin, in dem es niemals Tag wird, muss sich verlaufen, den Weg verlieren, alle Pläne fallen lassen, um überhaupt zu ihr zu finden. Ihre Gesetze sind mächtiger als Regierungen oder Königreiche. Ihr Zaun ist Schrecken, ihre Weisheit ist jähes Erwachen. Wer sollte sie besuchen wollen?

Nur in höchster Not steuern Frauen wie zum Beispiel Wassilissa, die Wunderschöne im gleichnamigen Märchen, Babayaga, die Großmutter der Zauberei, an, denn ein Besuch bei Babayaga kann durchaus unangenehm sein und tödlich ausgehen. Der weibliche Helferkomplex und jede Form von Koketterie können ihrem Blick nicht standhalten. Sie strahlt ihr grausam helles Licht in alle Falten der wohltätigen Frauenhüllen: Darunter kommt der sehnliche Wunsch, geliebt zu werden, hervor, die Lust, Macht über noch Schwächere auszuüben, die Selbstgerechtigkeit, die Verlogenheit. Wer auf Babayaga trifft, kann nicht mit Toleranz, Loyalität und Verständnis rechnen. Frauensolidarität? Vergiss es, wenn du zu Babayaga gehst. Nimm all deinen Mut und deine fünf Sinne zusammen, sei beherzt, aber nicht frech, unverschämt, aber nicht anmaßend, zuversichtlich, aber ohne Illusion. Lass alle Pläne und Wünsche los und konzentriere dich auf Babayaga: Nur wenn du jeden Augenblick wirklich wach und lebendig bleibst, überstehst du ihre Prüfungen. Was gibt's zu gewinnen? Nichts Besonderes: Furchtlosigkeit, Heiterkeit, die Fähigkeit, jeden Augenblick des Lebens zu nehmen und zu verarbeiten, wie er sich zeigt.

Babayaga begleitet das magische Jahr und gibt jeder Frau immer wieder die Chance, ehrlich zu sein, die notwendigen Fragen zu stellen und den Mut aufzubringen, eine Antwort darauf zu finden.

Babayagas Altar wird mit einer Hühner- oder Hahnenkralle geschmückt, auch Hühnerfedern und Eier passen gut. Ihre Farben sind Schwarz, Rot und Weiß. Da sie die Hüterin der Unterwelt und der Schwelle zum Tod ist, gehören auch Knochen zu ihr.

Halloween

Kürbistopf

Für 4 bis 6 Personen

3 Kartoffeln
2 Knollen Rote Bete
1 Yamwurzel
3 Karotten
250 g Kürbisfleisch
1 l Gemüsebrühe
1 Bund Petersilie
Sauerrahm

1. Kartoffeln, Rote Bete, Yamswurzel und Karotten schälen und alles zusammen mit dem Kürbisfleisch würfeln.

2. Das Gemüse und das Kürbisfleisch mit der Gemüsebrühe etwa 5 Minuten aufkochen. Dann das Ganze vom Herd nehmen, den Topf schließen, in eine Decke einschlagen und so weitere 30 Minuten garen. Währenddessen für die Percht und die Wilde Jagd eine Schale Milch, eventuell mit Getreideflocken angereichert, auf den Balkon, in den Garten oder irgendwo im Freien aufstellen.

3. Die Petersilie waschen, trockenschütteln und hacken. Vor dem Servieren der Suppe die Petersilie dazugeben. Die Petersilie nicht mitkochen, sonst verliert sie ihre Wirkstoffe. Die Suppe mit etwas Sauerrahm servieren.

Wintersonnwende

Polenta-Auflauf

Für 6 Personen

300 g Maisgrieß
Salz
200 g Esskastanien
1 Bund Petersilie
Olivenöl für das Backblech
200 g frische Pilze, am besten Steinpilze oder Eierschwämme
Butter zum Braten

1. Den Maisgrieß in 1 1/2 l leicht gesalzenem Wasser zu einem Brei kochen. Immer wieder umrühren, bis sich die Masse nach etwa 30 Minuten vom Kochlöffel löst und der Maisgrieß gekocht ist.

2. Die Esskastanien waschen, sternförmig einschneiden, in den Backofen geben und bei 200 °C heiß werden lassen, bis die Schalen aufspringen. Währenddessen 1 l leicht gesalzenes Wasser zum Kochen bringen. Die Esskastanien aus dem Ofen nehmen, aus den Schalen lösen und in dem Salzwasser etwa 20 Mi-

nuten weich kochen. Dann das Wasser abgießen und die Kastanien mit einer Gabel zerdrücken.

3. Die Petersilie waschen, trockenschütteln und hacken. Das Kastanienmus mit der Petersilie vermischen. Ein Backblech mit Olivenöl gut einfetten, die Polenta aufstreichen und das Kastanienmus mit der Petersilie darunter mischen. Mit Salz würzen und bei 200 °C etwa 15 Minuten backen.

4. Die Pilze waschen und in Scheiben schneiden. Etwas Butter in einer Pfanne zergehen lassen und die Pilze anbraten. Die Polenta aus dem Ofen nehmen und mit den Pilzen servieren.

Dieses Gericht verkörpert die herbe, dunkle Kraft der wilden Göttinnen. Wer zu viel davon isst, kann Sodbrennen bekommen.

Lichtmess

Reismus

Für 4 bis 6 Personen

150 g Reis
1 1/8 l Milch
60 g Zucker
30 g Butter
1 Vanillestange
Zimt zum Bestreuen

1. Den Reis waschen. 1 l Milch mit dem Zucker und der Butter zum Kochen bringen. Die Vanillestange längs aufschneiden und ebenfalls in die Milch geben. Dann den Reis dazugeben und langsam, bei kleiner Flamme einkochen lassen.

2. Wenn sich am Topfboden eine Kruste bildet, die restliche Milch dazugeben. Den Topf vom Herd nehmen, mit einem Deckel schließen und in eine Decke einschlagen. So weitere 10 Minuten garen.

3. Zum Servieren sollte der Reis so aus dem Topf gehoben werden, dass die feste Kruste oben ist. Mit Zucker und Zimt bestreuen.

Tipp: Hierzu schmecken hervorragend eingemachte Zwetschgen.

Frühlings-Tagundnachtgleiche

Löwenzahnquark mit Kartoffeln

Für 4 Personen

4 große Kartoffeln
2 Hände voll frisch gepflückte Löwenzahnblätter
500 g Quark (halbfett)
Saft 1/2 Zitrone
Salz
Muskatnuss

1. Die Kartoffeln schälen und in einem Topf, gerade mit Wasser bedeckt, etwa 10 Minuten aufkochen lassen. Den Topf vom Herd nehmen, schließen, in eine Zeitung und eine Decke einschlagen und so etwa 60 Minuten garen.

2. Die Löwenzahnblätter waschen, trockenschütteln und klein schneiden. Den Quark und die Löwenzahnblätter in eine Schüssel geben und vermischen. Mit etwas Zitronensaft, Salz und Muskatnuss würzen. Während dieses Vorgangs Erinnerungen aufsteigen lassen, in denen du sehr gelacht und dich sehr stark gefühlt hast. Zum Schluss klopfst du mit der linken Hand gegen die Schüssel, so werden alle schönen Erinnerungen in die Quarkcreme eingegeben. Vor dem Servieren kannst du leicht über den Quark pusten und ihm Heiterkeit einhauchen.

Walpurgis

Hexen-Gumbo

Für 6 Personen

1/2 klein gehacktes Huhn ohne Knochen
200 g Lammfleisch
2 Tomaten
2 Paprika
1 Aubergine
2 Chilischoten
1 Yamswurzel
1 große Kartoffel
1 l Gemüsebrühe
300 g Wels- oder Kabeljaufilet
1 Zitrone
4 Okraschoten
1 EL Erdnussmus

1. Das Hühnerfleisch und das Lammfleisch waschen und in Würfel schneiden. Tomaten, Paprika, Aubergine und Chilischoten waschen. Die Yamswurzel und die Kartoffel schälen. Eine der beiden Chilischoten aufschneiden und entkernen. Das restliche Gemüse würfeln. Das Fleisch und das Gemüse mit der Gemüsebrühe etwa 15 Minuten kochen.

2. Das Fischfilet waschen. Die Zitrone teilen, den Fisch mit dem Saft beträufeln und in 3 bis 4 Stücke schneiden. Die Okraschoten waschen und würfeln. Das Fischfilet und die Okraschoten zu dem Gemüse und dem Fleisch geben und weitere 10 Minuten kochen.

3. Dann den Topf vom Herd nehmen, das Erdnussmus einrühren, den Topf mit einem Deckel schließen und noch etwas ziehen lassen.

Wenn man die Okraschoten zu früh in den Topf gibt, wird das Gericht breiig. Sie sollten nur höchstens 15 Minuten kochen. Gibt man den Fisch zu früh dazu, zerfällt er.

Sommersonnwende

Holunderküchsrl

Für 4 Personen

250 g Mehl
1 Ei
2 EL Milch
8 selbst gepflückte Holunderblüten
Distelöl zum Backen
Puderzucker

1. Das Mehl, das Ei und die Milch mit etwas Wasser zu einem Pfannkuchenteig anrühren, der nicht zu flüssig sein sollte. Die Holunderblüten abschneiden, waschen und trockenschütteln.

2. In einer Pfanne reichlich Distelöl erhitzen. Die Holunderblüten in den Teig tauchen und in der Pfanne im schwimmenden Öl goldbraun backen.

Nach Belieben mit Puderzucker bestreuen.

Hirseauflauf

Für 6 Personen

300 g Hirse
2 Zwiebeln
1 Petersilienwurzel
2 Karotten
2 Stangen Lauch
250 g grüne Bohnen
2 Zucchini
Erdnussöl oder Distelöl zum Anbraten und für die Auflaufform
1 l Gemüsebrühe
geriebener Käse nach Belieben

1. Die Hirse zunächst mit siedendem Wasser überbrühen und etwa 2 Stunden einweichen. Dann in leicht gesalzenem Wasser auf kleiner Flamme etwa 15 Minuten weich kochen. Ähnlich wie beim Reis verwendet man zunächst doppelt so viel Wasser wie Hirse, muss aber gelegentlich Wasser nachgießen, bis die Hirse weich ist.

2. Die Zwiebeln, die Petersilienwurzel und die Karotten schälen. Den Lauch längs einschneiden und waschen. Die grünen Bohnen und die Zucchini ebenfalls waschen. Dann das ganze Gemüse klein schneiden.

3. Den Backofen auf 200 °C vorheizen. Öl in einer Pfanne erhitzen und das Gemüse anbraten. Dann die Gemüsebrühe angießen, das Gemüse aber nicht ganz weich kochen. Das Gemüse abgießen und den Sud in einem Becher auffangen.

4. Eine Auflaufform einfetten. Die Hirse und das Gemüse vermischen und in die Auflaufform geben. Mit dem Gemüsesud übergießen und den Auflauf etwa 15 Minuten im Ofen garen. Eventuell die letzten 5 Minuten den geriebenen Käse darüber streuen und überbacken.

Obstsalat

Für 6 Personen

3 Äpfel
3 Birnen
8 Zwetschgen
1 Hand voll Johannisbeeren
1 Hand voll Himbeeren
1 Hand voll Heidelbeeren
frische Haselnüsse
(Zuvor sollte man jedoch klären, ob eine der zum Essen geladenen Personen gegen Nüsse allergisch ist. In diesem Fall die Nüsse weglassen.)
Saft von 1 Zitrone
Zucker

Mindestens eine Frucht sollte von einem fremden Baum geraubt sein. Das symbolisiert, dass die Natur eigentlich allen alles schenkt und dass wir uns von ihr holen können, was wir zum Leben brauchen.

1. Das Obst waschen. Die Äpfel und Birnen vierteln, die Kerngehäuse entfernen und die Zwetschgen entsteinen.
2. Die Äpfel, Birnen und Zwetschgen klein schneiden. Die Nüsse hacken.
3. Das Obst und die Nüsse mischen und den Zitronensaft dazugeben. Den Obstsalat stehen und Saft ziehen lassen.

Nach Belieben zuckern.

Huhn à la Babayaga

Für 8 Personen

7 große Kartoffeln
4 große Zwiebeln
7 große Strauchtomaten
2 Chilischoten
7 Rosmarinzweige
2 frische Brathühner vom Biometzger
Olivenöl
Salz
roter Pfeffer, gemahlen
Basilikum
Majoran
1/2 l Gemüsebrühe

1. Den Backofen auf 200 °C vorheizen. Die Kartoffeln und die Zwiebeln schälen. Die Tomaten und die Chilischoten waschen. Die Kartoffeln und die Tomaten vierteln, die Zwiebeln in Ringe schneiden. Die Chilischoten aufschneiden, entkernen und klein schneiden. Die Rosmarinzweige waschen und trockenschütteln.

2. Die Hühner waschen und in Stücke schneiden. Olivenöl, Salz, roten Pfeffer, Basilikum, Majoran und Chilischoten verrühren und die Hühnerstücke damit einreiben.

3. Ein Backblech mit Öl bestreichen und Hühnerstücke, Kartoffeln, Zwiebeln, Tomaten und Rosmarinzweige darauflegen und zunächst für etwa 20 Minuten in den Ofen geben. Dann etwas Gemüsebrühe über das Bratgut gießen und das Ganze nochmals etwa 60 Minuten bei 200 °C und weitere 10 Minuten bei 100 °C garen. Immer wieder Gemüsebrühe angießen.

7.12.96

PERCHTEN-SCHMARRN

Gerichte nach den Jahreszeiten der Natur

Im Salzburger Land verschwand vor Zeiten einmal ein kleiner Junge. Die Eltern weinten und klagten und waren untröstlich. Eines Nachts während der Raunächte, also in der Zeit zwischen den Zeiten, am Ende des Jahres, ging die Mutter zum Untersberg und rief die Frau Percht. Sie schilderte ihren Kummer und bat die Percht, ihr den Sohn zurückzugeben. Eine alte Frau klopfte der Mutter auf die Schulter. »Was schreist du denn so?«, fragte sie. »Wenn die Percht deinen Sohn geholt hat, gibt sie ihn auch wieder frei, du musst nur im Frühling unter der Felswand stehen und seinen Namen rufen.«

Als das Licht wuchs und das Land

wieder grün wurde, ging die Mutter zur Felswand. Sie rief ihren Jungen und er kam an der Hand einer schönen jungen Frau aus dem Berg. Diese gab ihm einen Kuss und einen Apfel und weg war sie. Der Junge aber hatte von ihr Heilkraft gelernt und wurde ein angesehener Heiler. Man sagt, dass er Paracelsus hieß.

Die Percht ist die alte Vegetations- und Muttergöttin des Alpenraums. Sie ist auch die Berta in den Schweizer Bergen, die Prechtl aus Tirol, vor allem aber ist sie die Holla, die wilde Hollermutter, Frau Holle aus dem Märchen. Sie macht uns den Kreislauf der Natur, der Jahreszeiten und unseres eigenen Lebens bewusst, denn sie ist die Gebieterin über die Zeit zwischen den Zeiten, zwischen den Welten, über die Raunächte. Deshalb ist sie die Patin für die Rezepte, die dem Kreislauf der Natur, den Jahreszeiten, zugeordnet sind. Die Percht hat Macht über Leben und Tod.

Mit den Kräften der Percht leben, heißt, dem Rhythmus der Natur folgen und sich die Kraft holen, die gerade am stärksten wächst und blüht. Die Percht zieht mit ihren Hunden dahin, hütet die Seelen und ist die Schutzgöttin aller allein stehenden Frauen, aller allein erziehenden Mütter. Sie wacht über die Raunächte, in denen es Frauen untersagt ist zu waschen, Wäsche aufzuhängen, zu weben, zu spinnen oder zu stricken. Ursprünglich war dieses Gebot wohl zum Schutz der überarbeiteten Frauen eingeführt worden, so konnten sie sich wenigstens in der kältesten Zeit ausruhen.

In den Raunächten werden weiße Speisen für die Percht hinaus auf den Balkon oder in den Garten gestellt, damit die Percht mit ihrem Seelenzug etwas zu essen hat. Während der Raunächte liebt es die Percht, wenn Geschichten erzählt und Lieder gesungen werden. Die Raunächte werden in der Zeit zwischen dem 25. Dezember und dem Perchtentag, dem 6. Januar, angesetzt. Manche VolkskundlerInnen sind der Auffassung, dass die Raunächte schon am Luzientag, also am 13. Dezember, beginnen und am 26. Dezember, also am zweiten Weihnachtsfeiertag, enden.

Die Speisen der Percht sind Hirse, Holunder, Zwetschgen, wilde Kräuter, speziell wilde Kresse und Bärlauch. Ihre Farben sind Weiß und Grün.

Ein Perchtenschrein im Haus könnte ein Neunholz, ein Gebinde aus neun verschiedenen Holzarten, enthalten, einen Kristall, ein Bild von einem Hund oder Wolf, Zwetschgenkerne oder ein Stückchen Holunderholz.

Das Neunholz entspricht einem alten Abwehrzauber im Alpenraum. Neun verschiedene Hölzer symbolisieren neun verschiedene starke Baumkräfte. Linde heilt, Eiche stärkt, Esche vertreibt unangenehme Geister, Buche bringt Weisheit, Holunder bringt die Kraft der Göttin, Hasel die magischen Kräfte, Ahorn die Ausdauer, Akazie den langen Atem und den süßen Duft, Wacholder die Kraft der AhnInnen, das Wissen der Menschen, die vor uns gelebt haben. Ein Neunholz kann entweder als Gebinde von der Decke oder als Gitter an der Tür hängen. Aus neun Hölzern kann ein Untersetzer für heiße Töpfe zusammengebunden werden. Neun Hölzer können auch einen Stern bilden, der über dem Herd hängt.

Bärlauchbutter zu Milcheiweckerl

Das Eiweckerl, also das in der Mitte einmal der Länge nach eingeschnittene Brötchen, war ursprünglich ein Gebildbrot, das heißt, ein Symbol für das weibliche Geschlecht. Wer nicht selbst backen will, nimmt Brötchen aus der Vollwertbäckerei. Dazu bereitet die weise Frau im Frühling zur Stärkung ihrer weiblichen Kraft – also ihrer Intuition, ihres trefflichen Instinkts, ihres untrüglichen Riechers und längeren Atems – Bärlauchbutter oder Bärlauchquark.

Milcheiweckerl

Eergibt 6 bis 8 Weckerl

250 g Mehl
1 TL Backpulver
1 Ei
200 g Quark (halbfett)
3 EL Milch
4 EL Sonnenblumenöl

1. Das Mehl und das Backpulver in eine Schüssel sieben. Ei, Quark, Milch und Sonnenblumenöl dazugeben und einen Teig kneten.

2. Den Backofen auf 200 °C vorheizen. Eiweckerl formen und in der Mitte einritzen. Die Brötchen auf einem Backblech mit Backpapier bei 200 °C etwa 10 bis 20 Minuten backen.

Bärlauchbutter

250 g frische Fassbutter oder Quark
50 g Bärlauchblätter
1 Hand voll rote Pfefferkörner

1. Die Butter vor der Kräutersuche aus dem Kühlschrank nehmen, damit sie weich wird.

Bärlauch kann leicht mit Maiglöckchenblättern verwechselt werden, die giftig sind; deshalb die Blätter am Stängel immer zwischen den Fingern reiben. Entsteht ein starker Knoblauchgeruch, sind es Bärlauchblätter. Sie wachsen an Wegrändern, in Parks, am Rand von feuchten Wiesen zwischen Mitte März und Ende April.

2. Die frisch gepflückten Bärlauchblätter nur kurz in kaltem Wasser abwaschen und auf ein Küchentuch zum Trocknen legen. Die Pfefferkörner in einem Steinmörser mit einem Steinstößel zerreiben. Den Bärlauch grob schneiden.

3. Den Pfeffer und den Bärlauch mit der Butter (oder mit dem Quark) in einer Schüssel verrühren. Die Bärlauchbutter nicht zu kalt mit den Brötchen servieren, damit der Bärlauchgeschmack intensiver ist.

Sommer

Perchtenschmarrn

Für 3 Personen

- *250 g Frühzwetschgen*
- *3 Eier*
- *150 g Mehl*
- *1/8 l Milch*
- *1 EL Zucker*
- *Walnussöl zum Backen*
- *Puderzucker zum Bestreuen*

1. Die Zwetschgen waschen, entsteinen und mit etwas Wasser kurz aufkochen. Den Topf vom Herd nehmen und das Wasser abgießen.

2. Die Eier in Eigelb und Eiweiß trennen. Mehl, Milch, Zucker und Eigelb zu einem glatten, flüssigen Teig verrühren. Aus den 3 Eiweiß Eischnee schlagen und unter den Teig ziehen.

3. Walnussöl in einer großen Pfanne erhitzen. Hexen prüfen, ob die Hitze richtig ist, indem sie einen Tropfen Spucke ins heiße Öl geben. Spritzt das Öl auf, den Teig in die Pfanne fließen lassen und die Zwetschgen dazugeben. Die eine Seite goldbraun anbacken, etwas Öl über den Teig träufeln, wenden und auch die andere Seite goldbraun anbacken. Dann den Perchtenschmarrn mit einem Holzlöffel zerreißen, die Pfanne vom Herd nehmen und alles mit Puderzucker bestreuen.

Herbst

Grießbrei mit Holunderkompott

Für 4 bis 6 Personen

- *1 Vanilleschote*
- *3/4 l Milch*
- *30 g Zucker*
- *30 g Butter*
- *90 g Grieß*
- *8 selbst gepflückte Holunderbeerendolden*
- *1 EL Honig*

1. Die Vanilleschote der Länge nach aufschneiden, mit der Milch in einen Topf geben und aufkochen lassen. Dann die Vanilleschote herausnehmen und den Zucker, die Butter und den Grieß in die Milch einrühren. Unter fortwährendem Rühren den Grieß weich kochen.

2. Die Holunderbeeren abschneiden und waschen. In einem Topf mit etwas Wasser und dem Honig verrühren. Kurz aufkochen und dann zugedeckt bei kleiner Flamme noch ein paar Minuten köcheln lassen.

3. Den Grießbrei in kleine Schalen füllen, das Holunderkompott darüber geben und warm servieren.

Holunder ist sozusagen die Holla, die wilde Göttin selbst. Ihre Früchte wecken in Frauen Hexenkräfte. Sie dürfen niemals roh gegessen werden, weil sie ungekocht giftig sind.

Winter

Göttinnen backen

Ergibt etwa 20 Göttinnen

1. Die Butter, die 4 Eidgelb und den Zucker in einer Schüssel schaumig rühren. Dazu können Göttinnen-Namen gesungen werden. Dann das Mehl

und den Rum mit der Masse verrühren und schließlich kneten. Den Teig über Nacht unter einem Küchentuch ruhen lassen. Am besten vor der Figur oder dem Bild einer Lieblingsgöttin.

2. Am nächsten Tag den Teig fingerdick ausrollen und den Ofen auf 200 °C vorheizen. Mit einem Messer Göttinnenformen ausschneiden. Ideen liefern frühgeschichtliche Idolfiguren, Kataloge von Völkerkundemuseen oder die Bücher von Marija Gimbutas. Werden Orakelgöttinnen gebacken, so wird in den Bauch der Figur ein kleiner gefalteter Pergamentzettel mit einer Zahl eingebacken. Die Zahl des Orakels kann aber auch in den Bauch geritzt werden. Zu jeder Zahl wird ein Spruch festgelegt und aufgeschrieben. Diese Sprüche kann man sich entweder selbst ausdenken oder in I-Ging- und Tarotbüchern finden.

3. Dann die Göttinnenfiguren auf einem Backblech mit Backpapier in den Ofen geben und etwa 10 bis 20 Minuten backen.

4. Den Puderzucker in eine Schale geben und die Zitrone halbieren. So viel Zitronensaft dazupressen, dass der Zucker dickflüssig wird. Die Lasur mit einem Pinsel oder einem Löffel auf die Göttinnen auftragen und trocknen lassen.

Ich lege meine gebackenen Göttinnen zunächst zu den Göttinnenfiguren und den heiligen Steinen im Zauberzimmer, besinge sie, räuchere mit Benzoeharz und rassle, bevor ich sie meinen Freundinnen anbiete.

500 g Butter
4 Eigelb
300 g Zucker
750 g Mehl
2 TL Rum
100 g Puderzucker
1 Zitrone

DEMETERS HEILKRAFT

Rezepte, die heilen, aufbauen und glücklich machen

Zugegeben, die Göttin der Heilkraft ist Hygeia, dennoch erscheint es mir sinnvoller, Heilnahrung in die Hände von Demeter zu legen, denn sie verkörpert die Heilung durch die Erde, Heilprozesse durch Berührung mit schmerzhaften Unterweltsenergien und eigener Heilkraft. Entscheidend beim Heilungsprozess der Göttin Demeter ist jedoch das Lachen.

Demeter, die Korngöttin und Erdmutter, die ihre Tochter Persephone an die Unterwelt verliert, wird rasend vor Schmerz und lässt fortan nichts mehr wachsen. Sie erlebt die Hilflosigkeit jeder Mutter, wenn sie er-

kennt, dass sie die heranwachsende Tochter nicht mehr schützen kann. Sie kennt Depressionen, wilden Schmerz, Verlust der eigenen Körperkraft. Die Erde scheint ihr jetzt tot und freudlos zu sein. Sie sieht keinen Sinn mehr in ihrem Wirken. Sie zerreißt ihren blauen Mantel und wirft ihn in die Landschaft, der Boden vertrocknet, die Pflanzen verdorren. Demeters Schmerz zerstört das Gleichgewicht in der Natur. So wird sie zum Symbol für den Schmerz aller Frauen: Verloren im Schmerz fallen sie in Depressionen und Hass. Das Gleichgewicht der Welt gerät ins Wanken, die männliche Gewalt, die Zerstörungskraft scheint zu siegen. Der Heilungsprozess Demeters ist Lachen und Freundschaft. Baubo, die Saugöttin, kann den Kummer Demeters nicht mehr mit ansehen. Sie tanzt vor ihr und entblößt ihr Geschlecht. Demeter, verblüfft, fängt an zu kichern. Aus der Lust an der Lebendigkeit des Körpers, an der weiblichen Kraft, am gemeinsamen Vergnügen wächst die Lust auf die Erde, die Lust auf Heilung.

Demeters Heilung ist das neu erwachende Vergnügen an der Erde, am Körper, am Essen. Zum Dank für ihre Heilung lehrt Demeter in Eleusis die Kunst der Landwirtschaft und das Zusammenspiel der verschiedenen Energien von Nahrungsmitteln.

Kore, die Muttergöttin des Vorderen Orients und Griechenlands, ist eine ältere Verkörperung der Demeter. Wie Cerridwen und Demeter ist auch Kore die Sau heilig. Kore ist die Mutter von Mohammed, dem Propheten, der ja zu den Koreshiten gehört, den Söhnen Kores, und vermutlich ist sowohl der Koran als auch das Schweinefleischtabu von Kore abgeleitet.

Demeter ist die Schutzgöttin der Beziehungen zwischen Müttern und Töchtern, sie wird in Konflikten zwischen Müttern und Töchtern angerufen.

Die Speisen der Demeter sind alle Arten von Getreide und Feigen.

Ein Schrein für Demeter kann Getreidehalme, Bilder von Getreidefeldern, von Demeter selbst, von Wüsten und kargen Landschaften, von kunstvoll angelegten Gärten enthalten.

Gebinde aus Getreidehalmen oder Getreidekränze mit Feigenblättern und Kerzen können den Schrein schmücken. Ihre Farbe ist Gelb. Wie Cerridwen umgibt sie sich mit Schweinen und für die AnhängerInnen der Demeter ist der Verzehr von Schweinefleisch tabu. Viele der alten Regeln eines Göttinnenkults haben eine praktische Grundlage. Ähnlich wie bei Perchts Hausarbeitstabu in den Raunächten ist das Schweinefleischtabu in südlichen Ländern ja durchaus sinnvoll, weil Schweinefleisch so schnell verdirbt und tödliche Krankheiten auslösen kann.

Feigenkompott mit Ingwer und einem Schuss Wacholderschnaps

Für 4 Personen

1 fingergroßes Stück frischer Ingwer
500 g frische Feigen
1 EL Honig
100 ml Wacholderschnaps

1. Den Ingwer schälen. Die Feigen waschen und aufschneiden.
2. Den Ingwer und die Feigen mit 1/8 l Wasser kurz aufkochen lassen, dann vom Herd nehmen und noch etwas ziehen lassen.
3. Den Honig und den Wacholderschnaps unterrühren. Einen Spritzer Schnaps in die Luft sprühen. Zum Essen die vier Himmelsrichtungen und alle guten Geister dazurufen.

Wurzelsuppe

Für 4 bis 6 Personen

2 Knollen Rote Bete
1 Zwiebel
2 kleine Knoblauchzehen
1/2 Sellerieknolle
1 Pastinakenwurzel
4 Karotten
Olivenöl oder Distelöl zum Anbraten
1 l Gemüsebrühe

1. Die Rote Bete unter fließendem Wasser bürsten und in Salzwasser weich kochen. Dann herausnehmen und abkühlen lassen.
2. Die Zwiebel und die Knoblauchzehen schälen und klein schneiden. Sellerie, Rote Bete, Pastinakenwurzel und Karotten ebenfalls schälen und in fingerdicke Scheiben schneiden.
3. Öl in einem Topf erhitzen. Zuerst die Zwiebel und die Knoblauchzehen anbraten, dann Rote Bete, Sellerie, Pastinakenwurzel und Karotten dazugeben

und ebenfalls kurz anbraten. Die Gemüsebrühe angießen und etwa 15 Minuten kochen, bis das Wurzelgemüse pürierbar ist.

4. Mit einem elektrischen Pürierstab oder einem Schneebesen das Wurzelgemüse zerdrücken. Dazu kann man sich einen Heilspruch ausdenken und diesen singen oder aufsagen, wie zum Beispiel:

Wurzelsuppe schmeckt gut, macht starkes Blut, gibt Kraft und Mut.

Gemüsebrei als Auflage

Gemüse je nach Jahreszeit, zum Beispiel:
1 Tomate oder
1 Paprika oder
1 Sellerie oder
1 Zucchini oder
1 Brokkoli

1. Das Gemüse waschen und je nach Sorte säubern, entkernen oder Strunk entfernen. In 1/2 l Wasser weich kochen.

2. Das Gemüse abseihen. Die Brühe in einem Becher auffangen und trinken.

3. Das Gemüse pürieren und so warm, wie es angenehm ist, auf Gesicht und Brust auftragen. Den Gemüsebrei etwa 10 Minuten einwirken lassen.

4. Den Gemüsebrei abnehmen, ein großes Badetuch über die Brust wickeln und 10 Minuten ruhen.

Der Gemüsebrei glättet die Haut und hat eine wohltuende Wirkung auf Nebenhöhlen, Stirnhöhlen und Lymphdrüsen.

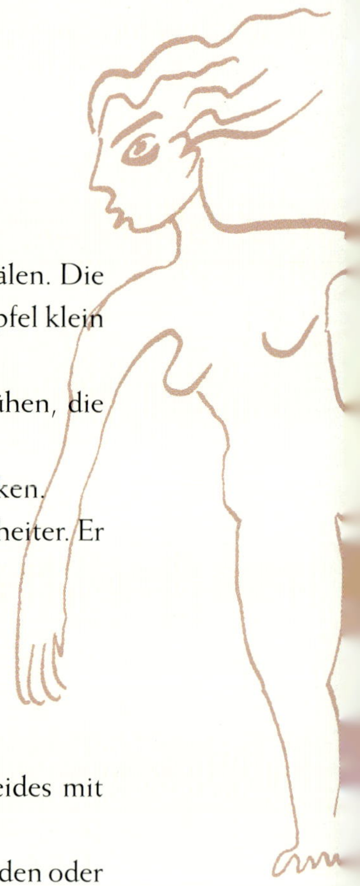

Apfel-Ingwer-Tee mit Pfeffer und Honig

Ergibt 1 l

1 handtellergroßes Stück frischer Ingwer
3 Äpfel
5 Pfefferkörner
Honig nach Belieben

1. 1 l Wasser zum Kochen bringen. Den Ingwer und die Äpfel schälen. Die Äpfel vierteln und das Kerngehäuse entfernen. Den Ingwer und die Äpfel klein schneiden.

2. Den Ingwer und die Äpfel mit dem kochenden Wasser überbrühen, die Pfefferkörner dazugeben und etwa 10 Minuten ziehen lassen.

3. Den Tee abseihen, mit Honig nach Belieben süßen und heiß trinken.

Der Tee schwemmt Giftstoffe aus dem Körper und macht klar und heiter. Er ist außerdem gut gegen aufkommende Erkältungen.

Allheilumschlag

1 Zwiebel
10 Breitwegerichblätter
1 EL Mandelöl aus der Apotheke

1. Die Zwiebel schälen, die Breitwegerichblätter waschen und beides mit Pürierstab unter Zugabe des Mandelöls pürieren.

2. Die Zwiebel-Breitwegerich-Mischung auf schlecht heilende Wunden oder

bei hartnäckigem Husten auf die Brust auftragen. Eine Mullwindel darauf legen und etwa 10 Minuten einwirken lassen.

Man kann die Breitwegerichblätter und die geschälte Zwiebel auch in 1/2 l Wasser etwa 5 Minuten kochen lassen, das Wasser abgeißen und abkühlen lassen. Dann das Wasser in eine Form für Eiswürfel einfüllen und einfrieren. So hat man immer Eiswürfel, die Verletzungen, Verbrennungen oder blaue Flecken heilen können.

Eichelmehlmaske

3-5 Eicheln
1 EL Mandelöl aus der Apotheke

1. Im Herbst unter Eichenbäumen Eicheln sammeln und diese etwa 4 Wochen trocknen lassen.

2. Die Eicheln schälen und mit einer Kaffeemühle fein mahlen. Das Eichelmehl mit dem Mandelöl zu einem zähen Brei verrühren.

3. Die Maske auf Gesicht und Hals auftragen und etwa 10 Minuten einwirken lassen.

Die Eichelmehlmaske macht eine strahlend schöne, gesunde Haut und informiert die Hautzellen mit neuen Wildnisimpulsen.

Walnussblätteröl

2 Hände voll Walnussblätter
1/2 l Mandelöl aus der Apotheke

1. Im Frühling die Blätter von Walnussbäumen sammeln und in eine Schüssel geben. Mit dem Mandelöl bedecken und die Blätter immer wieder mit einer Gabel ins Öl drücken.

2. Nach 24 Stunden die Blätter mit der Gabel noch etwas zerdrücken. Das Öl durch ein Sieb laufen lassen und in eine Flasche füllen.

Das Walnussblätteröl ist für die Haut heilend und nährend. Es hilft besonders bei Hautunreinheiten, bei allergischem Aufkratzen der Haut und beugt gegen Hautreizungen vor.

SCHÖNHEIT VON OSHUN

Nahrungsmittel für Haut und Haar

Oshun, die Hüterin aller Wasser, insbesondere der Flüssigkeiten im Körper, der unterirdischen Wasseradern und Seen, stammt aus der Yoruba-Mythologie Nigerias. Als Obatala, die androgyne Schöpfungsgottheit, siebzehn Gottheiten auf die Erde schickte, verteilten sich alle, nahmen Gebiete ein und machten sich wichtig. Die einzige Göttin, Oshun, machte einen Frisiersalon auf. Tag für Tag flocht sie Zöpfchen, frisierte den Frauen die Haare und arbeitete so mit ihrer spirituellen Kraft, denn die Ausläufer der spirituellen Energie eines Menschen sind die Haare.

Leider gingen die Dinge auf der Erde nicht so gut, wie es sich die Götter wünschten: die Pflanzen verdorrten, Ernten verdarben. Die Elemente gehorchten den Göttern nicht. Als sie Obatala um Hilfe baten, wurde ihnen bewusst, dass sie bei all ihren Entscheidungen Oshun nie gefragt hatten. Obatala sagte: »Ohne Oshun wird die Welt untergehen.« – »Wozu sollen wir diese kleine Friseuse fragen?«, meinten die Götter, mussten jedoch einsehen, dass sie ohne Oshun machtlos waren. Oshun kämpfte nicht, sie argumentierte nicht, sie war einfach da und ihre Kraft wirkte: Schönheit, Macht und das Bewusstsein, dass alles im Fluss ist, sind Oshuns Gaben an die Frauen.

Oshun schminkt sich die Wangen mit dem Blut ihrer Feinde, heißt ein Spruch über sie. Ihre Feinde gehen durch die Macht ihrer Ausstrahlung und durch die Kunst ihrer Täuschung und Tricks zugrunde. Gleichzeitig ist sie die vollkommene Gastgeberin und vereint alle gegensätzlichen Kräfte zu einem Ganzen. Ihre Stadt Osogbo in Nigeria war nie an Stammeskriegen beteiligt und Angehörige aller Stämme lebten und leben in Osogbo friedlich beisammen.

Oshuns Altar kann mit einer Wasserschale geschmückt werden. Bilder vom Wels gehören zu ihrem Ritualschmuck, denn der Wels ist ihr Begleittier.

Alle Fische gelten als ihre Kinder, weshalb es tabu für OshunanhängerInnen ist, Fisch zu essen. Außerdem ist eine rote Feder Attribut der Göttin.

Die Yamswurzel und die Indigopflanze gehören zu ihr. Rot und Indigoblau sind ihre Farben. Blau sind auch die Glasperlen, die »Segi«, ihrer Halskette.

Zu Oshuns Orakel gehören Kolanüsse, die den Weg in die andere Wirklichkeit bahnen.

Akpessitopf (Yam mit Huhn)

Für 4 bis 6 Personen

- *2 Zwiebeln*
- *2 - 3 Knoblauchzehen*
- *2 Chilischoten*
- *1 ganzes Huhn*
- *Erdnussöl oder Palmöl zum Anbraten*
- *Salz*
- *Pfeffer*
- *1 kg Yamswurzeln*
- *1 kleine Dose Tomatenmark*
- *1 EL Erdnussmus*

1. Die Zwiebeln schälen und würfeln. Die Knoblauchzehen abziehen und halbieren. Die Chilischoten waschen, aufschneiden, entkernen und klein schneiden. Das Huhn in Stücke schneiden und waschen.

2. Öl in einem Topf erhitzen und die Zwiebeln und die Knoblauchzehen anbraten. 1/2 l Wasser angießen, die Hühnerstücke und die Chilischoten dazugeben. Mit Salz und Pfeffer würzen. Etwa 60 Minuten auf kleiner Flamme schmurgeln lassen.

3. Die Yamwurzeln schälen und in dicke Scheiben schneiden. Das Tomatenmark, das Erdnussmus und die Yamwurzeln zu dem Huhn geben und weitere 10 Minuten kochen lassen, eventuell noch etwas Wasser angießen.

Yamwurzeln werden wie Kartoffeln gekocht und haben, wenn sie gar sind, dieselbe Konsistenz wie Salzkartoffeln.

Rührei mit Kochbananen und Zwiebeln

(Dieses Gericht verdanke ich der weisen Frau Ruth und ihrem Mann Elvis)

Für 4 Personen

- *2 Zwiebeln*
- *Sonnenblumenöl oder Erdnussöl zum Braten*
- *4 Kochbananen*
- *8 Eier*
- *Salz*
- *Pfeffer*

1. Die Zwiebeln schälen und in nicht zu feine Ringe schneiden. Öl in einer Pfanne erhitzen und die Zwiebeln anbraten.

2. Die Kochbananen schälen, in Scheiben schneiden und in die Pfanne dazugeben. Die Hitze reduzieren.

3. Die Eier in einer kleinen Schüssel verquirlen und über die Zwiebeln und die Bananen geben. Die Masse immer wieder aufreißen und das Ganze nicht zu fest werden lassen.

Zum Schluss eine Prise Salz und Pfeffer darüber geben.

Chin Chin

Ergibt 40 Plätzchen

250 g Mehl
Muskatnuss
Salz
50 g Zucker
100 g Margarine oder Butter
1 Ei
1/2 TL Backpulver
1 EL Öl
1/4 l Milch

1. Den Ofen auf 200 °C vorheizen. Mehl, Prise Muskatnuss, Prise Salz und Zucker vermischen und auf ein Backbrett sieben. Die Margarine oder die Butter dazugeben, dann das Ei und die Milch und einen Teig kneten. Zum Schluss das Backpulver und das Öl hineinarbeiten und weitere 5 Minuten durchkneten. Falls der Teig zu weich ist, noch etwas Mehl dazugeben.

2. Den Teig fingerdick ausrollen und Monde ausstechen. Die Monde auf einem Backblech mit Backpapier in den Ofen geben und etwa 10 Minuten backen, bis sie goldbraun sind.

Algenpulvermaske

100 g grünes Algenpulver aus dem Reformhaus
1/2 l Palmöl

1. Das Algenpulver mit dem Palmöl vermischen und erwärmen.

2. Das Palmöl in ein Glas füllen und kalt werden lassen. Das Palmöl erstarrt und kann so gut als Paste aufgetragen werden.

3. Die Algenmaske auftragen und 30 Minuten einwirken lassen. Dann mit einer Mullwindel, die in heißes Wasser getaucht wird, abnehmen.

Meeresinformation ist besonders anregend für Haut und Körper.

Ingwerblättchen aufs Gesicht

1 handtellergroßes Stück frischer Ingwer

1. Den Ingwer schälen und in feine Scheiben schneiden. Zunächst sollte man jedoch eine mögliche allergische Reaktion auf Ingwer testen. Ein Ingwerblättchen auf das Kinn legen und 5 Minuten einwirken lassen.

2. Wird die Haut nur leicht rot, kann man das ganze Gesicht mit frisch aufgeschnittenen Ingwerblättchen belegen. Etwa 10 Minuten einwirken lassen. Das regt die Zellen zur Durchblutung und zur Aufnahme von neuen Impulsen an.

3. Die Blättchen abnehmen und das Gesicht mit kaltem Wasser gut abspülen. Weitere 10 Minuten ruhen und nachwirken lassen. Dann das Gesicht mit Palmöl leicht massieren.

Ingwerblättchen glätten die Haut

Oshun-Tag

Manchmal weihe ich einen ganzen Tag der Göttin Oshun. Ich rufe sie, ich stelle einen kleinen Schrein für sie auf mit einer roten Feder, Kauris, einem Foto vom Meer und einer Skulptur der Göttin selbst.

Ingwertee

2 handtellergroße Stücke frischer Ingwer
1 l Gemüsebrühe

Morgens trinke ich zunächst Ingwertee: 2 l Wasser zum Kochen bringen. Den Ingwer schälen und klein schneiden, mit dem kochenden Wasser übergießen und 10 Minuten ziehen lassen. Nachdem ich die zwei Liter Ingwertee getrunken habe, bereite ich eine Gemüsebrühe zu, die ich ebenfalls trinke. Bis zum Abend trinke ich dann nur Wasser. Am Abend bereite ich nochmals wie morgens zwei Liter Ingwertee. Danach bin ich derart heiter, dass ich immer lachen muss. Ich sehe die Welt in einem rosigen, weichen und fließenden Licht und bin bereit, mich jeder Herausforderung zu stellen. Am Ende des Tages hat sich mein Körper von allen Giften gereinigt.

Ein Salzbad kann einen Oshun-Tag abschließen.

Salzbad

1 kg Meersalz

1. Das Meersalz in die Badewanne geben und Badewasser einlaufen lassen.
2. Im Salzwasser etwa 20 Minuten ruhen und auf die Botschaften von Oshun hören.
3. Danach abtrocknen und in ein Badetuch gewickelt noch etwa 20 Minuten im Bett ruhen.

Aus den Produkten der Natur lässt sich auch schöner Körperschmuck für Oshun-Feste herstellen: Hagebuttenkette, Kastanienkette, Haube oder Kranz aus Kräutern und roten Blüten, Huflattichblätterkleid, Getreidekrone, rote Federn, Ebereschenzweige.

DIE MACHT DER KALI

Vom Umgang mit Fleisch und tierischen Substanzen

Ist die magische Küche vegetarisch? Nicht unbedingt. Doch die Verwendung von Fleisch erfordert, dass wir Verantwortung übernehmen.

Mit den dunklen Kräften, mit dem Tod umzugehen, fällt besonders Frauen schwer. Doch gerade bei Nacht atmen Blüten und Pflanzen und strömen ihren stärksten Duft aus. Und es ist der Schatten, der uns vor der brennenden Zerstörungskraft der Sonne schützt.

Die indische Göttin Kali zu verstehen erfordert, dass wir uns mit Licht und Schatten, mit unseren eigenen verborgenen Kräften, mit dem geheimen Gepäck in unserem Leben beschäftigen. Die Göttin Kali steht an der Schwelle zwischen Leben und Tod, sie ist Hebamme ins Leben wie in den Tod. Erst das Bewusstsein, dass wir endlich sind, macht das Leben kostbar.

Kali ist der Zorn der Göttin Durga: Als die Dämonen übermächtig wurden, riefen die Götter Durga zu Hilfe. Aus Durgas Augenbraue sprang Kali. Diese begann, die Dämonen aufzufressen und machte auch vor den Göttern nicht Halt. Als sie fast alle Götter gefressen hatte, warf sich Shiva, der Softie unter den Göttern, unter ihre Füße und stillte Kalis Raserei mit seiner sanften Hingabe. Können wir daraus jedoch schon schließen, dass Kali »Shivas Frau« ist?

Kali lässt sich besänftigen, aber nicht besitzen. Mit den Kräften von Kali umzugehen bedeutet, Heilung durch schonungslose Ehrlichkeit zu erlangen. Keine Koketterie, keine Weinerlichkeit führt zur Besänftigung der wilden Macht Kalis.

Kali ist nicht die Therapeutin, die Verständnis heuchelt oder gar hat. Durch die Begegnung mit ihr werden Lügen und Heucheleien offen gelegt, was nicht bedeutet, dass sie uns zwingt, zu bereuen und Buße zu tun. Das wäre die christliche Annäherung.

Sie sagt: »Iss ruhig Fleisch, aber mach dir klar, was es bedeutet. Du nimmst ein Leben. Du verleibst dir diese Kraft ein. Weißt du auch, welche Kraft das ist? Bist du bereit, dafür einzustehen?« Sie sagt: »Genieße und bleib dabei wach. Jeder Augenblick kann den Tod bringen.«

Kali ist die Göttin des Feuers der Erkenntnis: Ich werde geboren, ich lebe, ich genieße, ich leide, ich sterbe.

Kali, Göttin des Todes, der Zerstörung, aber auch des Lebens, der Fruchtbarkeit, ist die älteste Göttin der Welt. Sie zwingt uns zum Nachdenken über den gedankenlosen Umgang mit Tiermaterial, vom Fleisch über Schuhe bis hin zum ledereingebundenen Notizbuch. Göttinnen wie Kali sind gefürchtet. Wir verniedlichen die Zerstörungswut von Menschen und dämonisieren mythische Wesen – so drücken wir uns vor der Verantwortung. Kali in der Küche zwingt zum Umdenken: Nur Fleisch kaufen, das von artgerecht aufgewachsenen Tieren stammt. Niemals Fleisch verwenden, das weit transportiert wurde. Je größer

die Qual des Tieres war, das getötet wurde, desto mehr Angst und Qual nimmt die Person, die das Fleisch isst, auf.

Der Altar für Kali kann in den Farben Blau und Rot gehalten sein, ein schwarzer Stein, ein Bild oder eine Skulptur von Kali kann die Göttin symbolisieren. Ihr werden Ziegen geopfert. Das Begleittier der Kali ist die Ratte.

Versöhnungsritual

Für Kali, die Gebieterin über alle Prozesse des Wachstums und des Sterbens, die Hebamme in Leben und Tod, sollte gelegentlich ein kleines Ritual gefeiert werden, das Tabubruch (also alle Handlungen, die einem Wesen geschadet oder das Leben genommen haben) versöhnt und ausgleicht. Dazu streut man entweder in der Wohnung oder besser noch irgendwo in der Natur einen Mehlkreis aus, rasselt in alle vier Himmelsrichtungen und zündet einen Wacholderzweig, einen Salbeizweig oder ein Räucherstäbchen an, das auch in alle vier Richtungen gehalten wird. Man kann Fleisch, Fisch, Geflügel, Schuhe, Wurzeln, Kräuter in den Kreis legen, das Räucherwerk symbolisch zu Kali heben und dann mit der Erde verbinden, um Respekt und Achtung vor Nahrung und Tiersubstanzen zu zeigen.

Die Substanzen werden berasselt und beräuchert, die weise Frau summt oder singt dazu, ruft Kali und nennt ihre vielen Namen und Eigenschaften – sie ist die Zornvolle, die Älteste, die Urmutter, die Hebamme, die Heilerin, die Rächende, die wilde Kraft, die Gebieterin der Nacht, die Hüterin des Lebens, die Unterweltsgebieterin. Dann ist der Augenblick günstig, alle Tabubrüche einmal durch den Kopf gehen zu lassen und zu benennen, alle Handlungen oder Worte, mit denen andere verletzt wurden.

Alle Substanzen werden aus dem Kreis gehoben, der Kreis selbst wird mit einem Wischen der Hand geöffnet und beim Auflösen des Kreises fließt ein Dank an Kali mit ein.

Ein Mehlkreis im Freien ist kein Problem, denn er wird von der Erde aufgesogen. In der Wohnung muss er wieder eingefegt werden. Das Mehl sollte in den Wind gestreut, auf keinen Fall jedoch in den Müll geworfen werden.

Paprika darf nicht sterben

Ich hole die strahlend gelbe Paprika aus der klinischen Supermarktverpackung. »Wo bin ich?«, haucht sie. – »Du bist bei mir«, sage ich, wie ich das von Prinzen in Märchen kenne. Das scheint sie nicht aufzubauen. »Wo ist mein Labor?«, schreit sie plötzlich, »wo ist der Mann mit den Gummihandschuhen? Wo ist meine Nährlösung? Ich brauche meine Spritze.« – »Brems dich runter«, sage ich. »Du bist jetzt bei einer Endverbraucherin.«

Eigentlich bin ich überrascht, dass ich mit ihr kommunizieren kann. Das kommt bei Supermarktgemüse in dieser Form selten vor.

»Was ist das?«, kreischt sie. Ich schau mal nach. »Ach, das ist nur ein alter Teebeutel!« Ich nehme ihn und werfe ihn in den Müll.

Die Paprika liegt da wie die Prinzessin auf der Erbse, unendlich schön und zugleich unberührbar in ihrem Schrecken. »Entspanne dich«, schlage ich vor. »Wo sind die anderen?« – »Die anderen? Wer denn?« – »Die roten und die grünen«, meint sie. – »Ach so, die.« Hm, soll ich es ihr sagen? Im Rezept stand: zwei rote, zwei grüne und eine gelbe Paprika, Erdnussmus, Chilis, zwei bis drei Okras und Safran. Was auf dem Herd schmurgelt, ist ein afrikanischer Eintopf. Ich sage es ihr nicht. Doch sie ahnt es. »Du bist wie alle anderen«, sagt sie. »Du willst mich nur fressen.«

Da ist was dran, das gebe ich zu. Nur diese hier nicht. Ich kann nichts essen, was sich schon einmal mit mir unterhalten hat, da bin ich altmodisch. »Dein Laboraffe ist auch nicht anders«, sage ich. – »Der würde mich nie fressen!«, protestiert sie. – »Der weiß auch, warum«, sage ich. »Er will sich doch nicht vergiften an seinem eigenen Frankensteinprodukt. Der kauft sicherlich sein Gemüse verschrumpelt und angeschlagen im Bioladen oder, noch wahrscheinlicher, seine Frau kauft es.«

Die gelbe Paprika ist beleidigt und wird schweigsam. Sie leuchtet auf meinem Küchenbüfett zwischen den Notizzetteln, den zwei mittlerweile viel zu stumpfen Küchenmessern, der Zuckerdose, einem Meteorstein und einer Tüte Walnüsse vor sich hin. Irgendwie arrogant und irgendwie auch überirdisch schön, diese genmanipulierte Paprika aus den Schreckenskabinetten der jungen, eifrigen, ehrgeizigen, karriereorientierten WissenschaftlerInnen, vermutlich aus Holland oder, schlimmer noch, Belgien.

Ein paar Freunde kommen zum Essen. »Hübsche Paprika«, sagt Jean-Claude anerkennend. »Die hätte gut ins Essen gepasst.«

Täusche ich mich oder wird meine gelbe Paprika ein wenig röter? Mit Jean-Claude über Genmanipulation zu sprechen, bringt nichts. Er kommt aus Zaire wie Zinzi, seine Freundin. Er kennt Hunger, Krankheit, Ausbeutung, Armut. Genmanipulation? Schmeckt man das? Nein. Riecht man's? Nein. Na also, dann ist es doch okay. Viele Menschen werden etwas zu essen haben, die jetzt hungern. Ich denke kurz, dass es darum doch gar nicht geht, es gibt ja genug Nahrung auf der Welt. Niemand müsste hungern. Hunger ist eine Folge der Politik, nicht des Mangels. Niemand braucht genmanipuliertes Essen außer den Wissenschaftlern, die damit ihre Karriere bauen. Niemand bräuchte auch Atomstrom, die Stromkapazitäten sind ja nicht mal zu fünfzig Prozent ausgelastet, und locker könnte man den benötigten Strom anderswie erzeugen. Wir essen, reden über Musik und über die Preise für Lebensmittel in Deutschland und in Zaire. Die Paprika steht einsam auf dem dicken Küchenbrett und leuchtet. Ich zwinkere ihr zu. Sie verzieht keine Miene.

Drei Wochen später. Zinzi bringt mir Kakaobutter vorbei und die Paprika steht immer noch da, genauso strah-

lend gelb und glatt wie am ersten Tag. Sie hat aufgehört, sich über die Umgebung zu beschweren. Sie hat sich sogar mit den Ameisen angefreundet, die gelegentlich bei mir übers Küchenbüfett wandern müssen, um zu meinem Hibiskus zu gelangen, auf dem sie Läuse züchten. Die Ameisen rühren meine gelbe Paprika nicht an. Ich habe den Eindruck, mittlerweile ist sie erstarrt in der Erkenntnis, dass sie anders ist, fremd, isoliert. Zwischen dem Meteorstein und der Paprika hat sich anscheinend eine Affinität entwickelt, liegt er nicht schon viel näher bei ihr als vor drei Wochen? Kann natürlich sein, dass ich ihn hingeschoben habe, beim Versuch, die Kaffeebüchse hervorzuholen.

»Ist das immer noch dieselbe Paprika wie vor drei Wochen?«, fragt Zinzi erstaunt. – »Das ist ja das Problem«, sage ich. »Sie kann nicht sterben. Ich will mal sehen, wie lange sie so aussieht.« – »C'est grave«, sagt Zinzi. Komisch, mit ihr allein kann ich sofort über die Probleme von Genmanipulation sprechen. Zinzi schaut die makellose, für Gemüseverhältnisse uralte Paprika an und fragt sich: Was wird das mit unseren Kindern machen?

Ich war auf dem Land und habe von meiner Freundin Annamirl Äpfel geschenkt bekommen, richtig schöne, rotbackige Bauernäpfel. Ich lege sie neben die Paprika. Sie sehen neben der gelben Schönheit krumm und schief aus, unbeholfen konstruiert. Einer hat schon einen braunen Flecken. Die Paprika erstarrt noch mehr. »Was soll dieser Pöbel in meiner Nähe?« – »Das sind Äpfel vom Land. Die sind auf einem Baum gewachsen.« – »Iiiih!«, schreit sie. »Was die für eine Haut haben! So unrein. Und wie alt die schon aussehen!« – »Wer iss'n das?«, fragt der eine Apfel. »Keine Ahnung«, sagen die anderen und fangen an, vor sich hinzufaulen.

Die Paprika leidet. Sie versucht sich mehr und mehr mit dem Meteorstein zu verbünden. »Bist du sterblich?«, fragt der eines Tages. »Ich glaube nicht«, haucht sie. »Dann wirst du durchs Weltall fliegen wie ich«, meint er. »Das glaube ich nicht«, mische ich mich ein, »falls sie losfliegt, verglüht sie. Sie ist nicht dicht. Jedenfalls nicht dicht genug.« – »Was ist sterben?«, fragt sie. Der Meteorstein und ich seufzen. Aus dem einen Apfel kriecht ein Wurm. Er streckt sich zur Paprika hin und fährt erschreckt wieder zurück.

Ich lege die Paprika vor eine Skulptur der Göttin Kali. Golden schimmert die Paprika zu Kalis Füßen. Kali ist die Göttin der Zeit, die Hüterin der Lebensenergie, die Hebamme ins Leben und in den Tod. »Sie will wissen, was sterben ist«, sage ich zu Kali. Die Äpfel rotten schwarzbraun auf dem Küchenbrett vor sich hin, da liegt die Paprika immer noch glatt und gelb vor der Kalistatue. »Tu mir einen Gefallen«, sage ich zu Kali. »Bring ihr das Sterben bei. Denn solange sie nicht sterben kann, kann ich die Äpfel in der Küche nicht wegwerfen.« Ich wollte nämlich sehen, wie die Äpfel aussehen, wenn die Paprika den Geist aufgibt.

»Bring sie alle zu mir«, sagt Kali. Ich lege die Äpfel und die Paprika auf einen Teller zusammen vor Kali. Täusche ich mich oder gefällt der Paprika die Berührung mit den fauligen Äpfeln plötzlich ganz gut? Über Nacht liegen sie zusammen da. Am Morgen ist etwas Erstaunliches passiert: Die Paprika ist in sich zusammengesunken. Immer noch schön gelb, aber schrumpelig wie Dorian Grey vor seinem entzauberten Bild. Die Äpfel haben ihre letzte Kraft für diese

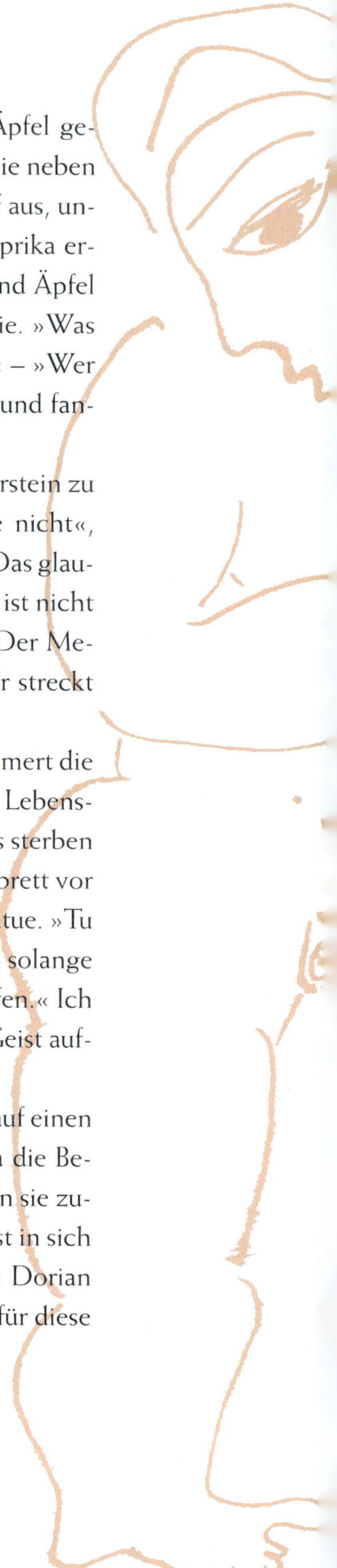

Verwandlung gegeben. Sie liegen matschig um die sterbende Paprika herum. »Kali behauptet, es gebe so etwas wie Wiedergeburt«, murmelt die Paprika. »Als was willst du denn wiedergeboren werden?«, frage ich sie. »Als Meteorstein«, haucht sie mit letzter Kraft. Unbelehrbar, diese genmanipulierten Paprikas!

Kali-Feuer

Für 4 bis 6 Personen

1 große Zwiebel
2 Knoblauchzehen
1 handtellergroßes Stück frischer Ingwer
1 Blumenkohl oder Brokkoli
2 Tomaten
2 frische rote Pfefferschoten
500 g Lammfleisch
Öl zum Anbraten
1 Gewürznelke
1 Lorbeerblatt
1 TL Currypulver
1 TL Bockshornkleesamen
Salz

1. 1/2 l Wasser zum Kochen bringen. Die Zwiebel, die Knoblauchzehen und den Ingwer schälen und alles klein schneiden. Die Blumenkohl- oder Brokkoliröschen vom Strunk schneiden und waschen. Die Tomaten kurz in das kochende Wasser geben, mit kaltem Wasser abschrecken, häuten und vierteln. Die Pfefferschoten waschen, aufschneiden und entkernen. Das Lammfleisch waschen und in große Stücke schneiden.

2. Öl in einem Topf erhitzen und Lammfleisch, Zwiebeln, Knoblauchzehen und Ingwer anbraten. Dann den Blumenkohl oder Brokkoli und die Tomaten dazugeben.

3. 1/2 l Wasser angießen und Gewürznelke, Lorbeerblatt, Pfefferschoten, Currypulver, Bockshornkleesamen und etwas Salz dazugeben. Etwa 10 Minuten leicht köcheln lassen.

4. Den Topf vom Herd nehmen, schließen, in eine Zeitung und eine Decke einschlagen und so weitere 45 Minuten garen. Dazu Reis reichen.

Der Bockshornklee macht das Gericht bekömmlich und ist, vermengt mit Wasser, auch eine ausgezeichnete Heilsubstanz für Wunden.

1 fingergroßes Stück
frischer Ingwer
1 Vanilleschote
4–5 TL schwarzer Tee
1 Zimtstange
2 Kapseln Kardamom
2 Gewürznelken
Anis
2 Pfefferkörner

Kali-Tee

Ergibt 1 l

1. 1 l Wasser zum Kochen bringen. Den Ingwer schälen und die Vanilleschote der Länge nach einschneiden.

2. Schwarzen Tee, Ingwer, Vanilleschote, Zimtstange, Kardamonkapseln, Gewürznelken, Prise Anis und Pfefferkörner mischen und mit dem Wasser überbrühen.

Je nach gewünschter Stärke ziehen lassen.

Wer Tein nicht verträgt, kann den Tee weglassen und lediglich die Gewürzmischung mit kochendem Wasser aufbrühen. Dann etwa 10 Minuten ziehen lassen.

Abgesehen davon, dass alle aufkeimenden Krankheiten sofort besänftigt werden, ist dieser Tee ein echter Krafttrunk.

Fischtopf

Für 4 bis 6 Personen

2 Chilischoten
1 großer Wels oder Karpfen, küchenfertig
Essig
7 Senfkörner
4 frische Tomaten
Öl zum Anbraten
250 ml Kokosmilch
Currypulver
Salz
1 Kapsel Kardamom
Kreuzkümmel

1. 1/2 l Wasser in einem für den Fisch passenden weiten Topf zum Kochen bringen. Die Chilischoten waschen, aufschneiden und entkernen.

2. Den Fisch waschen und in den Topf mit dem kochenden Wasser geben. Das Wasser soll den Fisch gerade bedecken. Einen Spritzer Essig, die Senfkörner und eine Chilischote dazugeben und etwa 25 Minuten auf sehr kleiner Flamme ziehen lassen.

3. Nochmals 1/2 l Wasser zum Kochen bringen. Die Tomaten kurz in das kochende Wasser geben, mit kaltem Wasser abschrecken, häuten und klein schneiden. Die zweite Chilischote ebenfalls klein schneiden.

4. Öl in einer großen Pfanne erhitzen und die Tomaten und die Chilischote anbraten. Dann die Kokosmilch dazugeben. Mit Curry, Salz, Kardamom und Kreuzkümmel würzen und köcheln lassen.

5. Den Fisch aus dem Topf nehmen, abseihen, zu der Kokosmilchsauce geben und zugedeckt noch etwas darin ziehen lassen.

Dazu Reis reichen.

Feuersuppe

Für etwa 6 Personen

1 Suppenhuhn, küchenfertig
2 große Zwiebeln
2-4 frische rote Pfefferschoten
2 große Tomaten
rote Pfefferkörner
Olivenöl, Erdnussöl
oder Palmöl zum Anbraten
Currypulver
Kreuzkümmel
Sahne oder Kokosmilch

1. Das Huhn in 1 1/2 l Wasser etwa 60 Minuten kochen, bis sich das Fleisch von den Knochen lösen lässt.

2. Die Zwiebeln schälen. Die Pfefferschoten, waschen, aufschneiden und entkernen. Beides klein schneiden. 1/2 l Wasser zum Kochen bringen. Die Tomaten kurz in das kochende Wasser geben, mit kaltem Wasser abschrecken, häuten und in kleine Würfel schneiden. Pfefferkörner mit einem Steinstößel zerstoßen.

3. Öl in einem Topf erhitzen und die Zwiebeln, die Tomaten und die Pfefferschoten anbraten. Mit Curry, Pfeffer und Kreuzkümmel würzen.

4. Das Hühnerfleisch von den Knochen lösen und abseihen. Die Suppe in einem Becher auffangen und dann das Fleisch in den Topf geben und leicht anbraten.

5. Die Suppe angießen und das Ganze etwa 10 Minuten kochen lassen. Den Topf vom Herd nehmen, mit einem Deckel schließen und weitere 10 Minuten ziehen lassen.

6. Mit einem Schuss Sahne oder Kokosmilch servieren. Beim Essen salzen.

JØTUL
602 N

WEISHEIT VON HEKATE

Speiseopfer, Abwehrzauber und die Umwandlung von Junkfood

Wenn im Süden Italiens die Mammas zu zaubern anfangen, beschwören sie in ihrer Küchenmagie zuerst Hekate, die Mutter aller Hexen. In der Horrorvorstellung der Kirchenschafe des Mittelalters ist Hekate das nächtliche Schreckgespenst, das Albträume verursacht. Doch Hekate ist eine der ältesten eigenmächtigen Göttinnen, eine der wenigen, die auch die patriarchale Mythologie niemals mit einem Gott vermählte. Sie wird auf Wegkreuzungen gerufen und hilft, Entscheidungen zu fällen. Sie kam wohl aus Afrika nach Griechenland, denn ihr Name Hekate stammt von Hekau, der sudanesischen Göttin, und Hekau bedeutet: »Worte der Macht.«

In vielen afrikanischen Kulturen

sind die Begriffe für Frau und Macht verwandt, zum Beispiel bei den Yoruba in Nigeria. »Ajé« bedeutet dort »Frau, die Macht hat«, aber auch »Worte der Macht«, »Worte, die Realität schaffen können« und »Zauberkraft«. Das sind die Themen von Hekau und auch von Hekate, der Hüterin der Magie.

Wenn eine Frau Hekate ruft, eröffnet sich ihr eine Ebene uralter Kräfte, eine Wechselwirkung von Energien, die zu verstehen Zeit, Geduld und ein offenes Herz erfordern. Die Rezepte der Hekate sind deshalb nicht so sehr Speisen, die im Körper aufgenommen werden, sondern Verbindungen von Substanzen, die von außen auf den Körper einwirken, die Einfluss auf das Gefüge der Welt haben können.

Ihr Altar kann ein Foto von einer Weg- oder Straßenkreuzung enthalten, einen Kristall, einen fünfzackigen Stern.

Hekate-Orakel

Ein Hekate-Orakel sollte auf einer Wegkreuzung durchgeführt werden. Zum Beispiel: eine Zahl würfeln und vorher die Zahlen 1 bis 6 klar definieren .

1 = ja;

2 = nein;

3 = bring etwas in Bewegung, aber entscheide dich noch nicht;

4 = schaffe eine Struktur, in der sich das entsprechende Thema entfalten kann;

5 = gehe der spirituellen Ebene der Frage auf den Grund, gib dich nicht mit der oberflächlichen, scheinbar offensichtlichen Erscheinung zufrieden;

6 = die Zeit für eine Entscheidung ist günstig, wie immer du dich entscheidest, es wird dich weiterbringen auf deinem Weg zu dir, denn es gibt keine falschen Entscheidungen.

Die Rezepte, die zur Göttin der Magie, Hekate, gehören, beschäftigen sich weniger mit Nahrungsaufnahme als mit der magischen Verwendung von Wurzeln, Kräutern und anderen Natursubstanzen. Hier geht es um die reine Kommunikation, die den Körper mit Impulsen anreichert. Trotzdem möchte ich an den Anfang ein Gericht stellen, das Hekate-Energie auch für Magen und Darm bereitstellt:

Spinat-Reis

Für etwa 4 Personen

200 g Naturreis
Butter für die Auflaufform
2 kg frischer Spinat
Salz
Roter Pfeffer, gemahlen
Majoran
50 g Walnüsse, kleingehackt
250 g Ziegenbällchen
(eine Art Ziegenfrischkäse)

1. Den Ofen auf 200 °C vorheizen. Den Reis waschen und mit der 2 1/2-fachen Menge Wasser aufsetzen. Aufkochen und etwa 5 Minuten köcheln lassen. Dann den Topf vom Herd nehmen und noch etwas kaltes Wasser dazugeben. Den Topf mit einem Deckel schließen, in eine Zeitung und eine Decke einschlagen und so weitere 60 Minuten garen.

2. 1/2 l Wasser zum Kochen bringen. Eine Auflaufform im vorgeheizten Backofen anwärmen und etwas Butter darin zergehen lassen. Den Spinat gut waschen, die Stiele entfernen und den Spinat kurz in das kochende Wasser geben und wenden. Dann den Spinat herausnehmen und abtropfen lassen.

3. Den Spinat mit dem fast garen Reis in die Auflaufform geben. Mit Salz, Pfeffer und Majoran würzen und die Walnüsse und unter den Auflauf mischen. Den Ziegenfrischkäse über dem Auflauf verteilen und das Ganze etwa 15 Minuten überbacken.

Nahrungsmittel als magische Verstärker

Wurzeln und Kräuter sind nicht nur gute Impulsgeber für den Körper, sie sind auch mächtige Abwehrzaubermittel und magische Kraftverstärker. Es ist für eine weise Frau existenziell wichtig, ihre ganz persönlichen Kräuter-Helfer zu kennen, weil das in Krisensituationen tatsächlich ihr Leben retten kann. Für mich war nach einem schweren Unfall die Freundschaft zu meinem Walnussbaum und dessen Unterstützung meines Heilungsprozesses lebensnotwendig, obwohl Walnussbaumblätter oder Nüsse von der Volksmedizin nicht gerade als erste Hilfe bei Knochenbrüchen oder schweren Verletzungen gelten. Mir wurden sie jedoch genau das, weil wir seit vielen Jahren in enger Freundschaft miteinander lebten: Ich im Haus, der Baum, den ich vor dem Fällen gerettet hatte, vor meinem Fenster.

Jede Frau sollte sich also auf den Weg machen und ihr Helferwesen aus der Natur finden. Dieser Weg ist kein linearer, an dessen Ende ein Mittel steht, sondern eine Art Einweihung in die Kommunikation mit der Natur überhaupt.

Am besten beginnt sie diesen magischen Weg an einer Wegkreuzung. Wegkreuzungen sind der Hexengöttin Hekate heilig und dort ist die Göttin mit ihrer Energie auch anzutreffen.

Wie erkennt sie ihre Vorschläge? Wie kann sie die Sprache der Göttin verstehen? Indem sie ihrer Intuition folgt und spielerisch ausprobiert, was sie an Wissen erfährt. Spielraum ist hier wichtiger als die Gültigkeit des Mittels.

Wer sich nur an Kräuterbücher, an Naturheilkunde, an Anweisungen aus magischen Unterweisungsbüchern hält, geht am komplexen Universum spiritueller Weisheit vorbei. Es gibt nicht eine Wahrheit, ein Mittel, eine Antwort. Jede muss sich ihr magisches Universum selbst einrichten und die Begleitwesen finden, die ihr dabei helfen können.

Angelika

Die Engelwurz oder Angelikawurzel gilt als »Schutzengel«-Wurzel. Es gibt sie nicht zu kaufen. Wer sich mit ihr zusammentun will, muss sie selbst ausgraben. Es versteht sich von selbst, dass Wurzeln nicht einfach ausgegraben und dann weggeworfen werden. Die Wurzel sollte dich wirklich begleiten. Wurzeln für magische Zwecke werden nie mit Werkzeug, sondern immer mit der bloßen Hand ausgegraben. Das macht aus der Wurzelgrabung eine Art Geburt. Es ist nämlich sehr mühsam, Engelwurz mit ihrer tiefen, starken Hauptwurzel aus dem Boden zu heben. In das Loch solltest du zum Dank an die Erde nach dem Ausgraben etwas Tabak oder Hirse oder Getreidekörner legen.

Wenn Angelika dein persönliches Heilmittel ist, kannst du von der getrockneten Wurzel immer wieder etwas abschaben und essen.

Beifuss

Beifuß im Haus hilft Ungeziefer, Schädlinge und schädliche Energien fern zu halten. Dazu schneidet man im Frühsommer die hohen Stängel, fegt damit die Wohnung oder legt getrockneten Beifuß unters Bett und unter Schränke und Kommoden. Ein Beifußkissen ist eine gute Idee, um lästige BesucherInnen fern zu halten – auch für Hunde und Katzen übrigens, die dann nicht so viele Flöhe und Zecken mitbringen. Einmal im Jahr das Haus mit Beifuß-Sud (einen großen Topf mit Beifuß füllen, Wasser drüber, aufkochen, abseihen) putzen – das vertreibt alles, was nicht ins Haus gehört, und klärt den Raum.

Beinwell

Diese Wurzel hat eine tief greifende Wirkung auf Zellstrukturen und Körperinformation. Der Beinwell gilt mittlerweile als gefährlich, weil er (wie übrigens

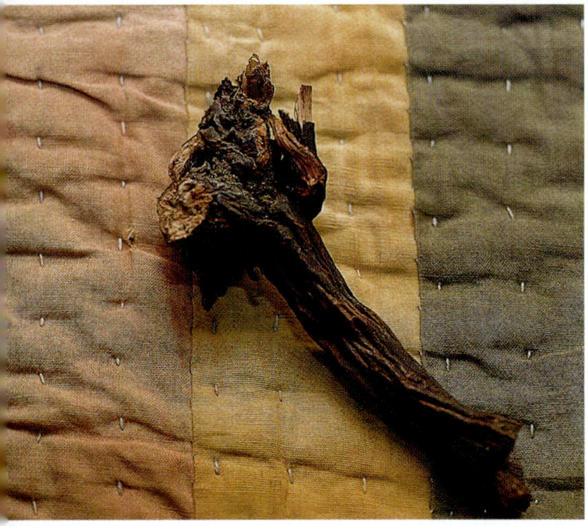

alle wirkungsvollen Naturmittel) in größeren Mengen giftig ist. Beinwell verkörpert die geheimnisvolle, verborgene, dunkle, tiefe Kraft der Erde und damit die Qualität der Hekate. Die Wurzel gibt es in Apotheken und in Biogärtnereien oder im eigenen Garten. Sein Sud ist kein Tee für alle Tage, sondern eher eine sehr wirksame Potenz zur einmaligen Anwendung. Beinwell heilt Knochenbrüche, hilft, verletztes Gewebe zu heilen, und wirkt Wucherungen aller Art entgegen. Die Wurzel um den Hals getragen, soll vor bösartigen Wachstumsprozessen im Körper schützen. Die Wurzel in Öl eingelegt, ist ein hervorragendes Haut- und Gelenkheilmittel.

Huflattich

Auch Huflattich ist in Verruf geraten, weil die starke Wirksamkeit auch Nebenwirkungen produziert. Doch wer trinkt schon Tee aus kiloweise Huflattichblättern. Dieselbe Menge Schwarztee oder Kaffee wäre sicher schädlicher! Huflattich ist ein gutes Mittel zum Ausheilen von Erkältungen und Husten, stärkt die Lungen und kann als Räucherung (trockene Huflattichblätter entweder rauchen oder auf Räucherkohle verbrennen) Husten lindern. Das scheint ein Widerspruch zu sein, aber griechische Hirten schwören auf Huflattichpfeifchen gegen Husten und ich habe gute Erfahrungen mit Räucherungen gemacht. Huflattich repräsentiert gut die ungezähmte magische Kraft von Hekate. Und die paradoxe Wirkung des Heilmittels zeigt, dass der magische Weg nicht »rational« und »logisch« ist, sondern kontrovers und allumfassend. Gleiches für Gleiches ist ein altes magisches Prinzip. Gleiches zieht Gleiches an, Gleiches vertreibt Gleiches, Gleiches bewirkt Gleiches.

Kürbisbehälter

Zur Aufbewahrung von Nahrungsmitteln ist es gut, Kürbisschalen und Kürbisbehälter in allen möglichen Größen zu haben, denn alles bleibt darin trocken und sauber, zudem sind Kürbisbehälter uralte Rhythmusgeräte von Frauen, die damit die Geister und die Göttinnen riefen und rufen. In Afrika trommeln die Frauen gemeinsam auf ihren Kalebassen, um sich die Zeit bis zur Fertigstellung der Nahrung zu vertreiben und spirituelle Energie zu rufen. Im Gegensatz zu Metall und Plastik gibt es bei Kürbisbehältnissen keine Giftstoffe, die dem Essen schaden könnten. Es gibt sie in Eine-Welt-Läden, in afrikanischen oder asiatischen Geschäften, auf Ethnofestivals und Ethnomärkten und in Fair-Kauf-Läden.

Meerrettichwurzel

Es gibt sie auf jedem Markt zu kaufen. Sie gilt als »europäischer Ingwer«, das deutet schon an, dass Meerrettich eine sehr wirkungsvolle, scharfe, erweckende, bewusst machende, Krankheitserreger vertreibende Substanz ist.

Manchen Menschen ist sie im Magen zu scharf, dann ist es gut, sie in Stücke aufzuschneiden, in die Mitte der Stücke kleine Löcher zu bohren und die Wurzel als Halskette zu tragen. Selbst auf der Haut getragen, vertreibt sie Husten und Fieber. Die Wurzel kann auch frisch gerieben auf Gemüse-, Fisch- und Fleischspeisen gestreut werden.

Man kann die Wurzel in eine Frauenfigur oder in ein anderes Symbol schnitzen und dieses Symbol zum Schutz über die Wohnungstür hängen.

Pfeffer

Frauen, die ein wenig ängstlich sind, sollten sich zum einen auf einer Wegkreuzung von Hekate stärken lassen, indem sie die Göttin rufen und ihre Kraft durch den Körper laufen lassen (im günstigsten Fall entsteht ein heißes Prickeln im Körper), zum anderen sollten sie geriebenen Pfeffer in einem Säckchen bei sich tragen. Im Gegensatz zu Waffen kann nämlich die Abwehrpotenz der Hekate nicht gegen die Frau gewendet werden, weil sie, einmal angewandt, die Machtverhältnisse klärt. Wirst du angegriffen, bläst du Pfeffer in Augen und Nase des Angreifers und hast jetzt Handlungsspielraum. Das wirkt besonders gut auch bei Hunden. Schon allein die vorübergehende Benebelung der Sicht des Angreifers ist befreiend.

Wegerichsamen

Die Samen von Breitwegerich und Spitzwegerich entweder selbst abernten (im Frühsommer) oder in der Apotheke kaufen. Sie sind ein fantastisches darmverträgliches Abführmittel, putzen den Organismus durch und geben ihm neue Impulse. Wegerich ist zudem eines der heiligen Kräuter der Hekate und hilft, Entscheidungen zu fällen.

Wie verwandelt man Junkfood?

Kräutermischung aus: je ein Teil Schafgarbe, Wegerich, Taubnessel, Thymian, Rosmarin, Beinwellwurzel, Salbei, wilde Kresse und einige Wacholderbeeren trocknen, im Mörser pulverisieren, dazu singen

Erde, die uns das gebracht.
Sonne, die es reif gemacht.
Wasser, Feuer, Luft und Erde,
euer nie vergessen werde.

Oder:

Wir sind die Alten.
Wir sind die Neuen.
Wir sind die Gleichen,
stärker als zuvor.

Mischung mitnehmen und eine Prise auf Junkfood oder Kantinenessen streuen. Notfalls draufspucken und ein Stückchen für die Geister über die linke Schulter werfen.

GLOSSAR

Die wichtigsten Begriffe aus der Magie

Abwehrzauber

Nicht alle geisterartigen Energien sind willkommen. Wer nicht deutlich genug nein sagen kann, sollte zu Abwehrzaubermitteln greifen. Knoblauch ist jedenfalls keines, wenn auch viele Vampirfilme das behaupten. Meine Tochter war als Kind davon überzeugt, dass Ovomaltine unangenehme Geister abwehrt – es funktionierte. Alle Arten von Geflechten und Gitterwerken (notfalls ein kunstvoll gestopfter Strumpf) eignen sich zum Einfangen von Geistern. In offenen Haaren verfangen sich Geister besonders gern, weshalb die Kirche im Mittelalter die Frauen »unter die Haube« brachte, das heißt natürlich auch: indem die Haare geflochten und unter der Haube versteckt wurden, verlor die Frau ihre Verbündeten und war so ganz ihrem Vater oder ihrem Mann ausgeliefert (in der so genannten »munt«, Vollmundschaft durch einen

Mann). Wilde Frauen hatten keine Angst vor Geistern, weshalb sie gut mit offenen Haaren herumlaufen konnten, denn die Geistwesen waren ihre Verbündeten. Wer sich gut verbünden kann, braucht keinen Abwehrzauber. Wer niemandem schadet und beherzt (mutig und mitfühlend zugleich) ist, muss sich kaum schützen.

Gibt es aber einmal Grund, sich zu verteidigen, ist eine Hahnenkralle sicher das beste Abwehrzaubermittel: Ein Hahn wird entweder selbst geschlachtet oder auf dem Markt gekauft (eine weise Frau kauft keine anonymen Hühnerteile), die Kralle wird abgeschnitten und in der Sonne zum Trocknen aufgehängt. Nach einigen Tagen ist sie starr. Jetzt eignet sie sich nicht nur zum Erschrecken von Angreifern, sondern auch zur praktischen Verteidigung, der Sporn ist so hart und spitz, dass er es mit jedem Messer aufnehmen kann, während das Problem mit einem Messer ist, dass ein Angreifer es der Frau leicht aus der Hand reißen kann, wird sich an einer Hahnenkralle niemand vergreifen. Oft reicht es schon, sie herauszuholen und damit zu spielen, um mögliche Angreifer in die Flucht zu schlagen.

Abwehrzauber beruht auf dem Prinzip, dass jede Energie umgeleitet oder zurückgeschickt werden kann. Magische Schilde können unerwünschte Kräfte ebenso abwehren wie Sprüche. Und jeder Spruch ist um einiges stärker, wenn er sich reimt, Klang und Reim spielen in der Welt der Geister eine große Rolle. Ein schöner Abwehrzauber aus meiner Kindheit lautet: drei Meter vom Leib oder i speib (oder ich spucke). Spucke ist damit eine der wichtigsten Abwehrzaubersubstanzen. Wo ich hinspucke, ist meine magische Kraft, mein Wunsch, der Ausläufer meiner Energie. Die Spucke agiert für mich.

Animismus

Animismus wird die religiöse Richtung genannt, der fast alle frühen Kulturen und heutige Stammeskulturen noch immer angehörten und angehören. Der Animismus basiert auf der Überzeugung, dass alles beseelt ist und somit die Energie eines jeden Lebewesens gerufen werden kann. Das bringt natürlich

auch eine andere Einstellung zu scheinbar »toten« Materialien. Jeder Stein, jede Figur, jede Pflanze und jedes Tier sowieso kann Glück oder Unheil bringen. In der animistischen Tradition bewegen sich die Menschen mit Achtung und Umsicht im Gewebe allen Lebens.

Bannen

Eine besonders starke Form des Abwehrzaubers ist das Bannen. Es kann immer nur für eine bestimmte Zeit aufrechterhalten werden. Nichts kann für immer gebannt sein, irgendwann reißt sich die Kraft, die sich ja durch das Eingebundensein wehrt und stärkt, los und kommt vielleicht noch heftiger daher. Ein Bannzauber muss deshalb nach einer gewissen Zeit (gut ist eine Mondphase) aufgelöst werden. Bei Neumond bannen, beim nächsten Neumond lösen – so kann die Energie gut kanalisiert werden.

Gebannt wird zum Beispiel in den eigenen Schatten. Dazu musst du am Mittag einen Stock in den eigenen Schatten in die Erde stecken und aussprechen, was gebannt werden soll. Das Gebannte steckt jetzt in der Erde. Diese Art von Magie lebt von dem magischen Gesetz, dass der Schatten Teil der Person ist und von Geistwesen nicht selten mit der Person selbst verwechselt wird. Diese Form des Bannens ist deshalb günstig, weil der Stock sich nach einiger Zeit selbst lockern wird, vielleicht tritt ein Tier drauf oder er bricht ab, Regen löst ihn aus der Erde – damit ist der Bann aufgehoben und muss nicht verbal noch einmal gelöst werden.

Besprechen

Eines der stärksten magischen Mittel ist das Besprechen von Substanzen. Worte der Macht schaffen neue Wirklichkeiten – das ist die Essenz der Magie. Worte der Macht werden nicht leichtfertig oder unbedacht ausgesprochen, denn wenn sie fallen, sind sie nicht zurückholbar. Das Besprechen von Nahrung ist eine Kunst, die im Lauf der Zeit fast verloren ging, weil sie einen differenzierten Umgang mit Sprache, mit der Bedeutung der Worte und auch Entschlossenheit, Verantwortungsbewusstsein, Mutterwitz und Leichtigkeit erfordert. Viele »Hexen« weichen deshalb auf Gift aus.

Binden

Bindezauber beruht auf dem Prinzip, dass eine symbolische Handlung eine Wirkung in der materiellen Welt hat, dass im Großen geschieht, was im Kleinen durchgeführt wird, dass sich gerufene Energie verwirklicht (siehe Rufen). Indem ich symbolisch etwas zusammenbinde, entwerfe ich ein Wirklichkeitskonzept, das beginnt, Raum einzunehmen.

Bindezauber wird fast immer von verlassenen Liebes- oder Ehepartnern gewünscht. Da das höchste Prinzip der Magie »Tu, was du willst, und schade niemandem!« nicht vorsieht, dass der Wille eines Menschen manipuliert wird (weil die Energie, die daraus entstehen kann, unberechenbar ist, weil damit die Freiheit eines Menschen eingeschränkt wird), wird eine weise Frau gut daran tun,

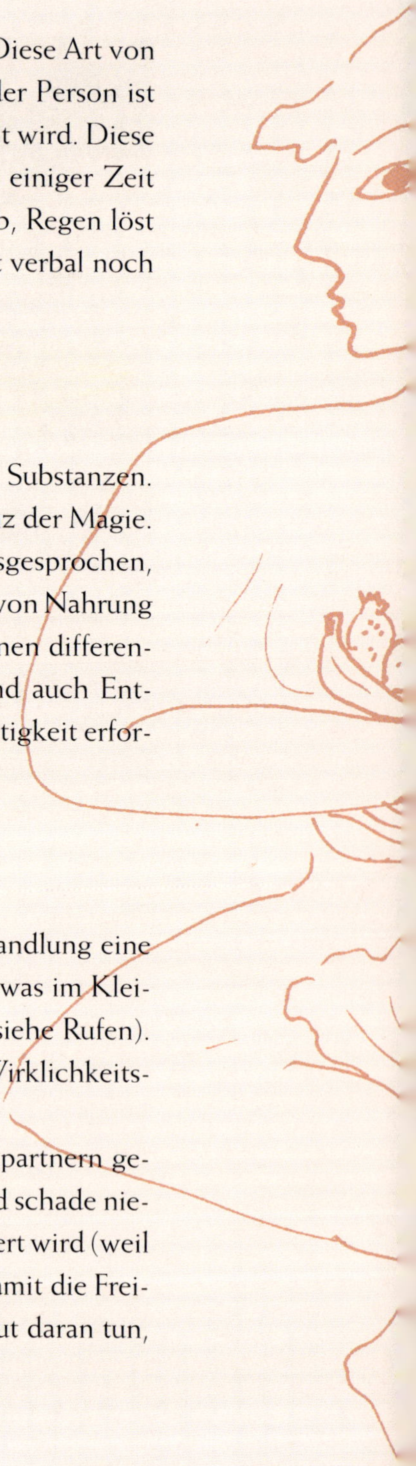

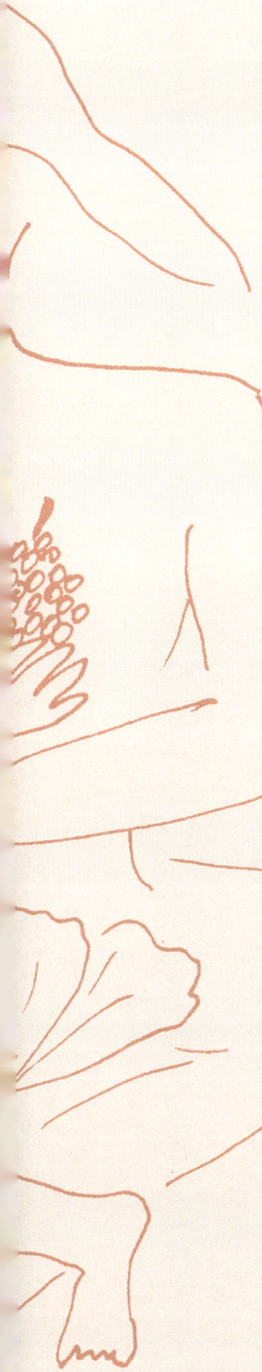

solchen Bindezauber gar nicht erst zu versuchen. Tut sie es dennoch, wird die Bindung für die Beteiligten spürbar. Da jeder Fluch, jeder ausgesprochene Zauber, jede Manipulation wie mit einer unsichtbaren Nabelschnur mit der auslösenden Person verbunden bleibt, muss diese auch den Rückstoß auffangen, der aus solchen Manipulationen erwächst.

Ein anderes magisches Gesetz sagt: »Was du tust, fällt siebenfach auf dich zurück.« Wer möchte da noch Wirklichkeit manipulieren! Meine Erfahrung: Je mehr du weißt und kannst, desto weniger greifst du in die Wirklichkeit ein, weil du dir der Verantwortung und der Folgen bewusst bist.

Gelegentlich kann es nötig sein, einen Zustand oder eine gewünschte Wirkung eine Zeit lang an sich zu binden (zwei Gegenstände, die die Person und die Eigenschaft symbolisieren, werden mit einem Wollfaden bei Vollmond in einem vorher gezogenen Schutzkreis zusammengebunden). Diese Bindung sollte drei mal drei Mondphasen nicht überschreiten, also vorher gelöst werden (siehe Lösen).

Elemente

In der alten Hexentradition spielen die vier Elemente eine große Rolle: Die Erde hält und nährt uns; die Luft gibt uns Atem, Töne, Farben, Gedanken und Impulse, das Feuer wärmt uns, hilft uns verdauen, schürt Leidenschaft und Kreativität, das Wasser bringt uns ins Fließen, gibt uns die Weichheit der Körperflüssigkeiten, Träume, Erinnerungen und Fantasien. Wenn weise Frauen Feste feiern, rufen sie immer die Elemente, um sie zu feiern und zu ehren. In Ritualen sind die Elemente vertreten: Für die Erde gibt es Steine, Früchte, Wurzeln oder eine Hand voll Erde, für die Luft Räucherwerk oder eine Feder, für das Feuer Kerzen oder ein Ritualfeuer, für das Wasser eine Wasserschale.

Fetisch

Ein Fetisch ist ein Gegenstand, der so gestaltet wurde, dass die mit der sym-

bolisierten Form angesprochene Kraft hineingerufen werden kann. Ein Fetisch (»juju«, »grigri« in Afrika) ist also der Wohnort von Geistwesen, die zur Hilfe gerufen werden. Deshalb wird ein Fetisch in der jeweiligen magischen Tradition so gestaltet, dass er für den gewünschten Geist möglichst attraktiv ist, also möglichst viele verwandte Symbole enthält. Will man Fülle, so ruft man diese z.B. in Indien mit einer Figur des Ganesh, des Gottes der Fülle, der als dicker Elefant dargestellt ist. Eine Raubtierkralle oder ein Stück Fell symbolisieren räuberische, mutige Energie. Eine Kauri-Schnecke oder eine Muschel symbolisieren die weibliche Kraft.

Göttin

Jeder Gott, jede Göttin kann sich nur in Menschen manifestieren. Das Göttliche ist in jeder Person. Wir können dieses Potenzial leben und damit aufblühen oder verkümmern lassen und im Alltag versumpfen. Wir können es nach außen, in irgendeine schwindelnde Höhe verlagern, unerreichbar heilig und fern und es dort anbeten oder wir können die Herausforderung annehmen und das Göttliche in uns pflegen, damit wachsen und stark werden. Weise Frauen sind mit dem Göttlichen in jedem Wesen vertraut und verstehen es zu wecken.

Hausarbeit

Fegen und Putzen reinigte nicht nur Haus und Hof, sondern vertrieb unangenehme Geistwesen, stellte das spirituelle Gleichgewicht wieder her. Bei einer afrikanischen Fetischpriesterin durfte ich den Hof erst fegen, als ich lang genug da war, um keinen Schaden anzurichten mit meinem Staubaufwirbeln, Geisteraufstören. Kochen ist magische Verwandlung, Putzen ist magisches Raum-Einnehmen. Wenn heute Frauen prämenstruelle Putzattacken haben, ist das nichts anderes als eine Erinnerung daran, dass es notwendig ist, den eigenen Raum in Balance zu bringen und zu klären. Wenn ihnen Putzfimmel vorgeworfen wird, ist das nichts anderes als ein Relikt aus der Zeit, in der Frauen alle Macht genommen wurde. Es ist sinnvoll, Kochen und Putzen wieder als magische Handlungen zu erkennen und sie kreativ einzusetzen.

Hexe

Das Wort Hexe wurde ursprünglich von der Kirche als Diffamierung geprägt. Dass wir es mit der neuen spirituellen Frauenbewegung wieder belebten, war eine Provokation: »Ja, wir sind diese Hexen, die ihr am liebsten verbrennen und aufhängen würdet, wir haben diese Macht, vor der ihr Angst habt!« Aber auch eine Solidaritätsbekundung: »Wenn die Frauen, die Kräuterwissen hatten und mit allen Wesen der Natur kommunizieren konnten, Hexen waren, dann sind wir das auch.« Die Hexe ist eine Grenzgängerin. Das mittelhochdeutsche Wort »hägse« heißt: »Die auf dem Hag sitzt«, also die Zaunreiterin, die »hagazussa«, die Frau, die sowohl mit der Wildnis als auch mit der Zivilisation vertraut ist.

Hexenkessel

Wenn es irgendwo hoch hergeht, wird schnell vom »Hexenkessel« gesprochen, ob das der Stoßverkehr, eine volle Disco oder die Börse ist. Das wird dem Kessel der Hexen nicht wirklich gerecht. Denn der Kessel ist das Urgefäß, in dem alles, was es gibt, gekocht wird. Der Bauch, in dem das Kind wächst, das Universum, in dem Galaxien geboren werden, oder der Kessel, in dem eine weise Frau die von ihr gewählten Zutaten so zusammenfügt, dass sie eine mächtige Substanz ergeben. Im Hexenkessel werden Zutaten so virtuos zusammengerührt, dass die spirituelle Substanz der beteiligten Materie eine Verbindung eingeht und so das Gewebe der Welt verändern kann.

Kochen

Ehe die Welt in streng getrennte Bereiche von »heilig« und »alltäglich«, von »Frau« und »Göttin« eingeteilt wurde, war das Kochen die ur-magische Tätigkeit, über die allerdings nicht viele Worte verloren wurden: die Verwandlung von Nahrungsstoffen aus der Natur durch kunstvolle Zubereitung in Kraft, in Muskeln, Fleisch, Fett. Aus archäologischen Funden wissen wir, dass an Feuerstellen, in Getreidespeichern und Tontöpfen oft Idolfiguren, also kleine Frauenskulpturen gefunden wurden, die die Nahrung beschützen sollten. Der Küchenbereich war im alten matriarchalen Anatolien zugleich auch Bestattungsplatz für Frauen und Kinder – unter dem Herdplatz. Beim Kochen wurden Geister, Göttinnen, wilde Kräfte gerufen, am Herdplatz wurden materielle und spirituelle Welt stets neu zusammengewoben und versöhnt. Dass Kochen heute eine triviale hausfrauliche Tätigkeit geworden ist, die erst dadurch aufgewertet wird, dass sich ein Mann dieser Arbeit annimmt und damit auch gleich einen ganz anderen Rang innerhalb der Koch-Hierarchie einnimmt, ist ein kulturgeschichtlicher Ausrutscher, der uns nicht weiter stören muss, denn selbst das Wort »trivial« kommt von der Göttin Trivia, die für Wegkreuzungen, Entscheidungen und Zaubersprüche zuständig ist.

Lachen

Das Wichtigste im Umgang mit starken Substanzen und hohen Energien ist die Heiterkeit. Lachen zu können ist die größte Qualität der weisen Frau.

Lösen

Was gebunden wurde, muss gelöst werden, sonst befreit sich die gebundene Energie irgendwann selbst und wird unberechenbar, fällt auf die Person zurück, die einen Bindezauber gesprochen hat. Lösezauber gelingt am besten durch Abschneiden oder Abtrennen: Was mit einem Faden umwickelt wurde, wird jetzt aufgeschnitten, was eingesponnen/eingestrickt wurde, wird aufgetrennt. Wenn kein ausgesprochener Bindezauber gemacht wurde, sich etwas aber extrem eng und gebunden anfühlt, kannst du es symbolisch aussprechen und dabei einen Stein oder ein Holz mit Faden umwickeln und diesen Faden dann aufschneiden. Auch in fließendem Wasser kann eine Energie gut abgelöst werden: Ein Stein wird ins fließende Wasser geworfen, der gebundene Zustand in Worte formuliert und nachgeschickt. Wer eine missglückte Beziehung durch ein Aufschneiden des gewickelten Fadens löst, muss sich darüber klar sein, dass der Schnitt auch Wunden im eigenen Körper auslöst. Liebesverbindungen sind oft so eng, dass zwei Menschen spirituell zusammenwachsen. Eine Trennung geht dann nicht mehr ohne Wunden ab.

Eine sehr schöne Form des Lösezaubers ist auch das Ausspucken der entsprechenden Energie: Du kochst dir einen leichten Salbeitee (kochendes Wasser auf eine Hand voll Blätter, fünf Minuten ziehen und abkühlen lassen), nimmst einen Schluck, gurgelst und konzentrierst dich auf das, was du loswerden, was du aus deinem Körper herausspucken willst. Das machst du so lange, bis du fühlst, dass du es losgeworden bist. Am besten im Freien in die Energie der untergehenden Sonne spucken.

Je mehr du über Magie weißt, desto weniger Bindezauber und Bannzauber wirst du machen wollen. Ich bin fast nur noch an Lösung interessiert, seit mir klar ist, dass viel zu viel von Menschen gebunden, gebannt, eingebunden wurde. Zaubermächtige Menschen in Afrika manipulieren ihr halbes Leben lang Menschen und Materie und die andere Hälfte ihres Lebens versuchen sie, sich vor den Folgen ihrer magischen Wirkungen zu schützen. Sinnvoller finde ich, dazu beizutragen, dass die Worte der Macht Energien wieder befreien.

Nahrungsorakel

Beim Nahrungsorakel, das besonders gern in den Raunächten, in der Walpurgisnacht oder an Halloween durchgeführt wird, stellt man einen Teller mit weißen Speisen (Hirsebrei eignet sich besonders) auf den Balkon oder in den Garten oder irgendwo ins Freie. Am Morgen schaut man nach, ob die Nahrung angerührt wurde, wie viel davon eventuell gefressen wurde, welche Form die Nahrung im Teller hat usw. Ist das Essen unberührt, bedeutet es, dass die Geister, die Göttinnen die Frage zurückweisen.

Natur

Das 20. Jahrhundert hat einen seltsamen Naturbegriff geprägt: Natur ist schön, erhaben, ja, süß sogar. Wale und Delfine werden geschützt, die »liebe« Natur wird den Kindern nahe gebracht. Wie die Verkitschung der Weiblichkeit, so geht auch die Verniedlichung der Natur an der Wirklichkeit vorbei. Die Natur ist auch wild und unberechenbar. Natur – das ist auch der Vulkanausbruch, der Erdrutsch, die Überschwemmung, unkontrollierte Feuer, Wirbelstürme. Zur Natur gehören eklige Fleischfliegen, Quallen, Schnecken, all die Wesen, die wir nicht so nett finden. Dennoch ist es wichtig, in die komplexe Struktur der Natur so wenig wie möglich einzugreifen, denn auch die Bekämpfung z.B. der lästigen Mücken, zieht verhängnisvolle Folgen nach sich: Singvögel werden weniger, die dann weniger Samen forttragen, Pflanzenarten, Vogelarten sterben aus. Wer sich mit Magie beschäftigt, muss sich auch mit der Vielfältigkeit der Natur anfreunden. Nur wenn die Kommunikation mit den Wesen der Natur (auch mit Bakterien und Viren) gelingt, kann sich die Magie entfalten.

Reinigung

Sie wird in der westlich-zivilisierten Gesellschaft überbewertet. Es ist nicht notwendig, Erreger aller Art auszurotten, es geht um Kommunikation, um Balance, um einen Ausgleich aller Kräfte. Vor allem die Darmreinigung durch Einlauf und Spülungen zeigt eigentlich nur, dass wir uns mit dem Prinzip des Chaos nicht versöhnen wollen, das allerdings unser Universum fest im Griff hat. Solange wir leben, werden wir verdauen und mit ungeklärten Substanzen aller Art zu tun haben. Unser Körper besteht zu einem beträchtlichen Teil aus Abfallprodukten.

Die magische Reinigung beschäftigt sich mit der Konfusion im Kopf. Salz im Uhrzeigersinn in alle Ecken gestreut und gegen den Uhrzeigersinn wieder aufgekehrt bewirkt, dass die körpereigene spirituelle Abwehr wieder funktioniert, dass wir nicht alles festhalten müssen, was uns so entgegenschwebt.

Räuchern klärt die Atmosphäre (die Magie arbeitet gern mit paradoxen Mitteln), stimmt Geister heiter und Menschen auch, öffnet alte Archive und ebnet Wege zu neuen Erkenntnissen.

Wacholderrauch stellt die Verbindung zu AhnInnen her, Weihrauch und Benzoe füttern das Hirn mit anregenden, aufbauenden Düften und machen Lust auf Entspannung. Rosmarin, Myrrhe und Salbei desinfizieren Räume, weshalb es immer gut ist zu räuchern, wenn jemand im Haus krank ist. Zimt und Sandelholz rufen spielerische Energien und vertreiben schlechte Laune.

Gegen Ungeziefer aller Art, allzu viele Mücken, Fliegen oder sonstige Besucher aus dem Tierreich, die uns nicht so angenehm sind, helfen Beifußbüschel oder Zinnkraut, zum Beispiel unters Bett gelegt, als Kräuterkissen oder als Kräuterzopf geflochten und in eine Ecke gelegt.

Auch Geranienöl vertreibt Insekten, ich nehme an, dass deshalb der Brauch aufkam, Geranien vor die Fenster zu pflanzen. Der Haut tut ein Sud aus den Blättern des Walnussbaums gut, auch eine aufgeritzte Vanilleschote in Mandelöl gelegt wirkt hautreinigend.

Ritual

Ein Ritual ist eine symbolische Handlung für eine Kraft, die gefeiert oder gerufen werden soll. Manche weisen Frauen bestehen auf einer sehr genauen Struktur, die unbedingt eingehalten werden muss. Andere gehen mit Ritualen völlig frei um und gestalten sie spielerisch, ohne sich um Regeln oder Gesetze zu kümmern. Ein Ritual kann eine Handlung sein, die sich täglich wiederholt oder auch ein gemeinsames Fest. Wichtig ist, dass das Ritual nicht zu einer leeren Form wird, die aus Gewohnheit zelebriert wird.

Rufen

Was du brauchst, kannst du rufen, was du rufst, kommt. Wenn du dein persönliches Unglücksmantra jeden Tag wiederholst (ich komme nicht zu Geld, ich habe nur Pech usw.), musst du dich nicht wundern, wenn es jeden Tag von neuem wahr wird. Wenn ich in einem vollen Raum »Feuer« rufe, rennen alle Menschen hinaus. Würde ich versuchen, mit ihnen zu diskutieren, dass sie den Raum verlassen sollten, würde wahrscheinlich kaum jemand hinausgehen und ich hätte einen hohen Energieaufwand bei geringer Wirkung. Nichts ist so mächtig wie das Rufen.

Segnen

Eine Homöopathin, die ich kenne, sagt, dass man jedes Nahrungsmittel positiv aufladen kann, indem man es segnet. Wer sich alles gefallen lässt, auch dass an Kühe Tiermehl verfüttert wird, dem bleibt am Ende ohnhin nur noch die Hoffnung, dass das Segnen noch etwas bewirkt.

Spielraum

Raum wird knapp, Spielraum noch knapper. Wir leben in einer Kultur, in der alles klappen muss, in der jedes Wort, jede Handlung sitzen muss, in der nur Erfolge zählen. Spielraum erfordert Mut zu Fehlern, zu Misserfolgen, Spaß am Ausprobieren, Taumeln, Stolpern. Spielraum, spielerische Energie, ist die Grundvoraussetzung für mächtige wirkungsvolle Magie.

Übergangsrituale

In unserer Kultur werden Übergänge kaum noch gefeiert. Wir wissen nicht so recht, wann wir erwachsen sein sollen, wann wir in die Tiefe oder nach außen gehen, wie Geburt und Tod begleitet werden sollen. Hilflos treiben wir im Strudel der Zeit dahin und das einzig Auffällige sind uns noch die Jahreszeiten, die

aber dank Klimachaos auch so langsam verschwinden. Es ist wohltuend, die wichtigsten Übergänge im Leben, im Jahr, im Monat und am Tag mit einem kleinen Ritual zu begleiten.

Geburt: Das Neugeborene sollte in einen Kreis von Kräutern gelegt werden, damit es von den wohlriechenden Düften der Erde in Empfang genommen wird (der Geruchssinn ist der am stärksten ausgebildete bei Neugeborenen).

Pubertät: Junge Männer sollten von erwachsenen Männern in einem Übertrittsritual symbolisch eine Kraft übertragen bekommen und als Männer gefeiert werden.

Junge Frauen könnten in die Weisheit menstruierender Frauen eingeweiht und in einem Ritual im Kreis der Frauen begrüßt werden. Wer keine christlichen oder anderen religiösen Zeremonien feiert, sollte hier die kleinen Geschenke geben, die sonst bei Kommunion, Konfirmation, Bar Mizwa oder ähnlichen Festen gegeben werden.

Menopause: Weise alte Frauen, die nicht mehr menstruieren, sollten in einem Ritual Frauen in der Menopause begleiten und sich in einem Ritual von der fruchtbaren Phase ihres Lebens verabschieden.

Tod: Ein sterbender Mensch kann mit Erzählungen, Gesängen und sanften Berührungen verabschiedet werden. Räuchern mit Salbei oder Rosmarin tut dabei sehr gut.

Im Jahr sind die Jahreszeiten zu begleiten: Frühlings-Tagundnachtgleiche, Sommersonnwende, Herbst-Tagundnachtgleiche, Wintersonnwende.

Auch die klassischen »Hexenfeiertage« können mit kleinen Festen, Fressgelagen, Tänzen oder Ritualen gefeiert werden:

Walpurgis, das Hexenfest, am 30. April,
Lammas, das Schnitterfest, in der Nacht von 1. auf 2. August,
Halloween, Alle Heilerinnen, Alle heilen Seelen, am 1. und 2. November,
Beltane, Lichtmess, am 2. Februar.

Übergänge von Tag und Nacht: Den Morgen begrüßen (schön ist dabei der Sonnengruß des Yoga oder einfach ein Strecken und Dehnen des Körpers dem Himmel zu).

Fünf-Uhr-Tee: Eine kleine Pause im Getriebe der Welt einlegen.

Abenddämmerung: Die Nacht begrüßen, das lässt sich schön in einer Sitzmeditation tun.

Mitternacht: Die Geistern feiern, Kerzen anzünden, mit Wacholder, Benzoe oder Salbei räuchern, singen.

Übergang in den Schlaf: Ein friedliches Bild finden, das als Letztes die Fantasie beschäftigt, beflügelt, bevor der Schlaf neue Regeln aufstellt. Je gelungener das Einschlafritual, desto ruhiger und schöner der Schlaf. Wer vor dem Einschlafen schöne Musik hört, in Kerzenlicht schaut und angenehme Bilder aus dem Gedächtnis wachruft, wird keine Einschlafprobleme haben. Kerzen sollten immer in geschützten Behältnissen stehen, dass nichts brennen kann, selbst wenn eine Kerze umfällt. Wer gern Duftöle verdampft oder Räucherwerk verbrennt, sollte darauf achten, dass keine Mischung von Substanzen und bei Ölen nur essenzielle, also natürliche Öle verwendet werden. Je reiner die Substanz desto besser der Schlaf.

Wandeln

Die höchste Kunst der Magie ist das Wandeln von Materie. Natürlich geht das nicht so zu wie in Zeichentrickfilmen. Ein Wandlungsprozess kann höchst ungewöhnliche Wege gehen. Die weise Frau, die ihn initiiert, visualisiert die Verwandlung in ihrer vollkommenen Form.

Wie sie zustande kommt, kann auch die weiseste Frau nicht bestimmen. Ein Verwandlungsprozess gleicht dem Säen: Das Saatgut wird ausgesät und dann in Frieden gelassen. Du schaust nicht immer nach, ob es schon wächst, denn so würdest du das Wachstum verhindern und die Saat zerstören.

Wiederholung

Die Macht der Wiederholung ist eine sehr wirksame Kraft in der Magie. Was wieder und wieder gesprochen, gewirkt wird, materialisiert sich. Auf diese Weise sprechen wir uns selbst in eine Zerstörungstrance, wenn wir Sätze wie »ich komme nie zu Geld«, »mir geht's so schlecht«, »ich komme einfach nicht hoch« usw. ständig wiederholen. Genauso mächtig wirken in der Wiederholung Sätze, die uns aufbauen. Ich zum Beispiel rufe täglich das Glück.

Zaubern

»Wenn du zaubern kannst«, sagten einmal die Kinder, mit denen ich in einem Haus lebte, zu mir, »dann zaubere uns Kaugummi.« Ich ging in den kleinen Laden nebenan und kaufte Kaugummi, sagte: »Simsalabim« und gab ihnen den. »Den hast du doch gar nicht gezaubert«, sagten die Kinder, »wir haben ja gesehen, wie du ihn gekauft hast.«

»Was ich kaufen kann, muss ich doch nicht zaubern«, sagte ich.

Zaubern braucht viel Konzentration, Worte der Macht, den Nerv, sie auszusprechen, die Fähigkeit, Verbündete dazu zu rufen, den Mut, Wirklichkeit zu wandeln, die Kraft, die Konsequenzen zu tragen. Warum also sollte ich die Welt aus den Angeln heben, wenn sie schon da kreist, wo ich sie haben will?

»Never touch a running system«, sagt der Engländer und die weise Frau sagt: »Alles was du mit deinen fünf Sinnen, mit Hand und Fuß und Bauch geregelt bekommst, zauberst du nicht.« Das oberste Prinzip der Magie ist: »Wenig Energieaufwand, große Wirkung.« Nach diesem Prinzip lebt jede weise Frau. Sie vergeudet Energie nicht sinnlos an ergebnislose Aktivitäten, sie mischt sich nicht überall ein und tut nur das im wahrsten Sinn des Wortes Not-Wendige (das, was die Not wendet). Und schon gar nicht lässt sie sich auf eine Demonstration ihrer Kunst ein, beweist ihre Zauberkraft oder tritt gar in Konkurrenz mit anderen, die behaupten, zaubern zu können. Magie ist ein Weg, der mit Ruhe und Weisheit begangen wird. Magie und Ehrgeiz sind nicht kompatibel.

Tiger auf dem

Rezeptverzeichnis

1. Auflage Januar 2001
2. Auflage November 2001

Gestaltung: Wolfgang Heinzel
Reproduktionen: Tausend Premedia GmbH, München
Druck: Jos. C. Huber KG
Binden: Großbuchbinderei Monheim
Printed in Germany
ISBN 3-87287-489-6

Bücher von Luisa Francia bei nymphenburger

Die Magie des Ankommens

Wer wirklich ankommt, bei sich selbst, in der spirituellen Energie eines Ortes, im Augenblick, kann genausogut zu Hause bleiben und Phantasiereisen mit dem Geist unternehmen. Luisa Francia gibt Tipps für glückseliges Reisen und erzählt von ihren ganz persönlichen Orten der Kraft.

192 Seiten · ISBN 3-485-00837-0

Der untere Himmel

Frauen in eisigen Höhen

Die längst fällige Ergänzung zu den Abenteuerberichten über männliche Heldentaten und spannender Einblick, weshalb Frauen in die Todeszone steigen und alles riskieren

206 Seiten · ISBN 3-485-00813-3